Uwe Carstens

Leben im Flüchtlingslager

Ein Kapitel deutscher Nachkriegsgeschichte

Husum

Die Deutsche Bibliothek – CIP-Einheitsaufnahme

Carstens, Uwe:
Leben im Flüchtlingslager : ein Kapitel
deutscher Nachkriegsgeschichte / Uwe Carstens. –
Husum : Husum Druck- und Verlagsges., 1994
ISBN 3-88042-680-5

Satz: Fotosatz Husum GmbH
Druck und Verarbeitung: Husum Druck- und Verlagsgesellschaft
Postfach 1480, D-25804 Husum

ISBN 3-88042-680-5

Leben im Flüchtlingslager

Eine der schwersten und schrecklichsten Hypotheken des 2. Weltkrieges waren die kriegsbedingten Lager, jene seltsamen Konzentrate einer ‚Welt unter sich'. Dabei bildeten sich gerade in den Flüchtlingslagern, die meistens während des Krieges oder kurz vorher errichtet wurden und zunächst ganz anderen Aufgaben zu dienen hatten (z. B. als Gemeinschaftslager für Dienstverpflichtete aus dem gesamten Reichsgebiet, als sog. Fremdarbeiterlager oder ab 1939 auch als Kriegsgefangenenlager), am deutlichsten und profilierter als in den ‚Zwangswohngemeinschaften' mit den Einheimischen jene Charakterzüge und Verhaltensweisen der Flüchtlinge (der später etwa ab 1947 aufkommende Begriff des ‚Vertriebenen' wird hier synonym zum Flüchtling gebraucht, d. h., es wird damit nicht auf die darin an sich implizierte Unterscheidung zwischen dem Schicksal der Flucht und dem der Vertreibung eingegangen) aus, die in die Fähigkeit zur ständigen Improvisation ihren ausgeprägtesten Niederschlag fanden. Bedingt durch die örtliche Lage der häufig an der Peripherie der Städte und Dörfer errichteten Lager, die eine räumliche Isolierung, ein stärkeres ‚Auf-sich-Gestelltsein' bedeutete und das Eigenleben der Lager förderte, entstanden die einsamen ‚hölzernen Städte', die zu einem Symbol der Not für das gesamte Land wurden.
Schleswig-Holstein beispielsweise war vor dem Kriege ein Land vorwiegend landwirtschaftlicher Struktur mit einigen industriellen Inseln. Bombenkrieg und Demontage zerstörten diese Industrie so weitgehend, daß sich nach Beendigung des Krieges der Agrar-Charakter des Landes noch einseitiger ausprägte. In dieses Land mit einer Bevölkerung von rd. 1600000 Einwohnern strömten bei Kriegsende rd. 1000000 Menschen ein, zunächst Evakuierte (insbesondere aus Hamburg), und dann die Flüchtlinge und brachten damit die Bevölkerungszahl bis Ende 1949 auf rd. 2600000 Personen (ganz zu schweigen von den beträchtlichen Teilen der Wehrmacht, die sich nach Schleswig-Holstein abgesetzt hatten und hier in Gefangenschaft gerieten). Da die wenigen größeren Städte des Landes durch den Bombenkrieg erhebliche Einbußen an Wohnraum erlitten hatten, gelangten die Flüchtlinge überwiegend aufs Land und in die kleinen Städte. Ihre Verteilung erfolgte meist überstürzt und ohne die Möglichkeit einer vorherigen Planung unter Ausnutzung allen verfügbaren Raumes. Mit der sich rapide beschleunigenden Frequenz der Transporte – insbesondere im Frühsommer 1946 – brach der Mechanismus von Aufnahme – Verteilung – Unterbringung zwar nicht zusammen, geriet aber doch zusehends aus den Fugen geregelten Funktionierens. In dem Maße, wie es schwieriger wurde, Quartiere aus dem privaten Wohnungsbestand für die Flüchtlinge zu requirieren, verschärfte sich schon rein quantitativ das Problem der Massenunterkünfte und Lager. Waren diese Lager zunächst als – im Ablauf des Einschleusungsprozesses unentbehrliche – Puffer- oder Durchgangsstationen gedacht, so wurden sie, als mit steigendem Druck der Einschleusung die Bereitstellung von Einzelunterkünften vollends außer Tritt geriet, für eine wachsende Zahl von Flüchtlingen zum Daueraufenthalt.
Die Verwaltung der Lager war bis zum Jahre 1950 im wesentlichen Angelegenheit der Gemeinden, daneben aber auch der Liegenschaftsverwaltungen für das ehemalige Wehrmachts- und NS-Vermögen, einzelner Kreise und zahlreicher Privateigentümer. Für die Zeit von 1945 bis 1948 liegen daher auf Landesebene einwandfreie Unterlagen nicht vor. Erstmalig gab die vom Landessozialminister Schleswig-Holstein in Zusammenarbeit mit dem Statistischen Landesamt durchgeführte Flüchtlingssondererhebung von 1948/49 einen Einblick in Zahl und Belegung der mit Heimatvertriebenen belegten Lager und Notunterkünfte.
Im Dezember 1948 wurden im Rahmen dieser Erhebung insgesamt 184 000 Flüchtlinge in Notquartieren gezählt.

Von diesen 184 000 lebten:
- 27000 Personen in Massenunterkünften,
- 108000 Personen in Wohnbaracken,
- 5500 Personen in Nissenhütten und
- 2500 Personen in Bunkern.

Am 1. 4. 1950 (Inkrafttretung des ‚Ersten Gesetzes zur Verteilung von Lasten und Deckungsmitteln auf den Bund‘) wies die Liste der vom Bund anerkannten sog. KFH-Lager (Kriegsfolgenhilfelager) in Schleswig-Holstein 728 Lager mit einer Belegung von 127756 Personen auf. Diese Anzahl ging bis zum 30. 6. 1955 auf 513 kriegsbedingte Lager zurück (ohne die Durchgangslager Wentorf bei Hamburg und Lübeck-Blankensee mit rund 11500 Personen). In diesen 513 Lagern mußten rund 67700 Insassen in rund 666000 qm Unterkunftsräumen ‚wohnen‘. Auf jeden Lagerbewohner entfielen also nur rund 10 qm Unterkunftsfläche, wobei die Gemeinschaftsräume einberechnet waren. Bei dieser Zahl von Lagern kam durchschnittlich auf jede dritte Gemeinde in Schleswig-Holstein 1 Lager. Tatsächlich lagen allerdings $^{1}/_{5}$ aller Lager (105) mit über 215 aller Insassen (27700) in den 4 kreisfreien Städten. Im Vergleich zu den übrigen Ländern im Bundesgebiet lag Schleswig-Holstein weitaus an der Spitze. In Niedersachsen waren zur gleichen Zeit 1024 Lager mit rund 103000 Insassen und in Bayem 216 Lager mit rund 48 100. Auf 100000 Einwohner kamen in SchleswigHolstein 345, in Niedersachsen 157 und in Bayern 52 Lagerinsassen.

In den 513 Lagern in Schleswig-Holstein standen 3134 Gebäude. Das sind im Durchschnitt etwa 6 Gebäude je Lager, von denen 5 als Unterkunftsgebäude, der Rest je zur Hälfte für gemeinschaftliche Zwecke und als Wirtschaftsgebäude benutzt wurden. Von den Gebäuden waren im Durchschnitt etwa 80 % Holzbaracken, 10 % massive Baracken, 7 % massive Gebäude und 3 % ehemalige Bunker und Unterstände. Von den gesamten Lagerbewohnern waren 79 % Flüchtlinge, die meist in Familien zusammenlebten. Nur 9 % aller Lagerangehörigen waren Alleinstehende. Besonders eindrucksvoll ist, daß 46 % aller Insassen mindestens schon seit 1946 ununterbrochen in den Lagern wohnten. Bei den Ausländern und Staatenlosen waren es sogar 61 %.

Bis Ende 1951 gab es in den Lagern die sog. Mehrfamilienunterkünfte. Typisch für diese Großraumunterbringung waren die Scheinwände aus Wolldecken, Wehrmachtsspinden oder auch nur Packpapier, mit deren Hilfe man die Großräume der ehemaligen Wehrmachtsbaracken unterteilte, um wenigstens vor den Blicken der häufig fremden Mitbewohner geschützt zu sein. Trotzdem blieb jeder Barackenbewohner bedingt durch die räumliche Enge, der gemeinsamen Einnahme der Verpflegung, der Teilhabe an den wenigen Möbeln, an Öfen und Licht unablässig der Wohngemeinschaft ausgeliefert, mußte mit ihr denken und handeln, ob er wollte oder nicht. Zur Typologie der Flüchtlingslager gehörte, daß sich aus der unterschiedlichen Zusammensetzung der jeweiligen Menschengruppe, deren Fähigkeiten und Energie, entsprechend der topographischen Lage, den Wechselbeziehungen zur Umgebung und andere Wirkkräfte bestimmende Wesenszüge und Sonderheiten herauskristallisierten, die jedem Lager eine individuelle Note verlieh. Da gab es Lager, in denen in Gemeinschaftsarbeit Wohn- und Gemeinschaftsbaracken und Aborte errichtet oder Kinderspielplätze angelegt wurden, gemeinsame Feiern stattfanden und geschlossen gegen Behördenwillkür gekämpft wurde.

In anderen Lagern wiederum gab es keine nennenswerten Entfaltungsmöglichkeiten. Lagerakten berichten von Gruppenegoismen und Querulantentum. Für die Insassen solcher Lager bot manchmal nur die Umsiedlung eine echte Chance, aus dem Elend herauszukommen. Weitere Belastungen entstanden durch die kollektive Bewertung der Lagerinsassen durch die Einheimischen. Der einzelne Lagerbewohner wurde nach dem Ganzen beurteilt und nicht nach seinem persönlichen Verhalten. Die schulpflichtigen Kinder, die keine Lagerschulen, sondern ‚normale‘ Schulen besuchten, waren häufig alleine durch ihre Lagerherkunft stigmatisiert. Im Frühjahr 1948 reiste der Journalist Manfred Lütgenhorst durch Schleswig-Holstein. Sein Bericht ‚Menschen wohnen dort im Wasser‘ gehört zu den erschütternsten Darstellungen, die über die Lebens- und Wohnverhältnisse der Flüchtlinge in Schleswig-Holstein geschrieben wurden:

„Ein dunkler Gang trennt die großen Stuben, in denen während des Krieges die Soldaten einer Flakbatterie lagen. Im ersten Raum sitzt an einem wackeligen Tisch ein zerlumpter Mann von vielleicht 40 Jahren. Er hat den Kopf in die Hände gestützt und liest in einer Zeitung. Um ihn herum liegt der Dreck zentimeterhoch. In einer Ecke um einen alten Ofen verstreut liegt Kohlenstaub und Torf. Davor steht ein Holzgestell mit zerrissenen Wolldecken auf einer defekten Drahtmatratze. Sonst ist das Zimmer kahl. Ich frage den Mann, wie lange er schon in dieser Höhle haust. ‚Drei Jahre', ist seine Antwort. Er hat ein Bein im Krieg verloren, ist Witwer und hat zwei kleine Kinder, mit denen er auf der Holzpritsche schläft. ‚Ich komme nicht mehr zurecht', sagt er resigniert, ‚keine Beschäftigungsmöglichkeit in dieser Wildnis, Jahr und Tag in dieser Wanzenbude mit zwei Kindern ohne Mutter.' Im nächsten Zimmer sitzen sieben kleine Kinder in zerrissenen Kleidchen, alle ohne Strümpfe und Schuhe, um einen kalten Ofen und spielen mit Kohlenstaub und Torfstücken. Außer dem Ofen ist das einzige Mobiliar ein Drahtgestell, auf dem ein zweijähriger Junge zitternd vor Kälte unter einer schmutzigen Decke liegt. Ich frage nach Vater und Mutter. Die Mutter sei draußen, antwortet die Älteste, Vater ist noch in Rußland. ‚Wo schlaft ihr denn?' frage ich weiter. ‚Da vier und da vier', sie deutet in zwei Ecken. In der einen liegt auf dem Boden ein einstmals rotes Oberbett, in der anderen Ecke stehen zwei Tragbahren. ‚Mutter schläft auf dem Drahtgestell.' Die Kinder schauen mich ausdruckslos aus ihren blauen Gesichtern an. Der dritte Raum ist sehr klein und hat als Fenster nur ein schmales Loch. Hier wohnt eine Frau mit sechs Kindern und ihrem alten Vater. Sie richtet gerade das Abendessen. Fischköpfe. Dazu bedient sie sich einer kleinen Schüssel, die, wie sie erzählt, zur Körperwäsche, zum Waschen der Wäsche und zum Anrichten des Essens dient. Es stinkt fürchterlich in diesem Raum. Die Leute merken es nicht mehr. Ich frage die Frau, wo sie alle schlafen. Sie deutet nach hinten, wo ich nichts anderes als einen Haufen Lumpen erblicke. Die Frau muß sich mit dem Reinigen der Fischköpfe beeilen, da es dunkel wird. Der Raum ist ohne Lampe, ohne Stuhl und ohne Tisch. Ein kleines Kind von anderthalb Jahren mit eitrigem Aussschlag im Gesicht schreit. Ihr Mann sei schon viereinhalb Jahre in Rußland vermißt, sagt die Frau. Ich mag keinen weiteren Raum mehr sehen und verlasse die Baracke. Draußen laden Kinder und Erwachsene einen Wagen mit Torf ab. Einer Frau ohne Schuhe und Strümpfe spritzt der Schlamm bis zu den Knien. Es ist Februar 1948."

Die Flüchtlingstransporte, die Ende 1945 aufgrund der Aktion Influx (Austausch von Bevölkerungsteilen der russischen und britischen Zone) über die Flüchtlingsdurchgangslager in Bad Segeberg und Pöppendorf bei Lübeck in Schleswig-Holstein eintrafen, boten ein Bild des Jammers. Das ‚Norddeutsche Echo' schrieb: „Aus Schneidemühl, Dt. Krone, trafen am Donnerstagmittag auf dem Kieler Hauptbahnhof ca. 700 Flüchtlinge ein. Müde und hungrig. Verzweiflung und Gleichgültigkeit in den Augen, verließen sie den Zug. Das Nötigste, ein wenig Handgepäck nur, war ihr Eigentum geblieben. Sie sollen in Kiel und Umgebung untergebracht werden. Zahlreiche Pommern und Westpreußen, die vor gar nicht langer Zeit denselben Weg gekommen waren, umlagerten den Ausgang des Bahnhofs, um in dem traurigen Zug der Ausgewiesenen Bekannte oder Verwandte zu suchen."

Wie es für die Flüchtlinge am Aufnahmeort weiterging, soll das Beispiel einer damals vierzehnjährigen Schülerin verdeutlichen: „Am 2. Februar 1946 kamen wir mit einem Flüchtlingstransport nach Kiel. Für einen Monat bot uns die Elac (Firma in Kiel) Unterkunft. In einem riesigen Saal hatte einer seine Schlafstätte neben dem anderen. Da wir das von der Flucht her gewöhnt waren, machte es uns nicht viel aus. Lange konnten wir aber so nicht leben, das war jedem klar. Eines Tages wurde bekanntgegeben, daß wir eine feste Unterkunft bekommen sollten, und zwar im Scheerlager. Mein Vater machte sich sofort auf, um die Baracke, die uns für unbestimmte Zeit Wohnraum bieten sollte, zu besichtigen. Es war nicht gerade ein ermutigender Anblick, der sich ihm bot. Das 36 qm große Zimmer, das wir mit noch drei anderen Familien teilen mußten, war sehr schmutzig. Mein Vater reinigte die für uns bestimmte Ecke und holte die uns zugeteilten Strohsäcke, Wolldecken und einen Schrank ab. Es gab pro Person einen Strohsack und zwei Decken. Als soweit alles erledigt war, meldeten wir uns, um mit anderen Familien mit einem Lastwagen ins Scheerlager gebracht zu werden. In der ersten Zeit hatten wir nichts zu lachen, denn unsere Ecke hatte zwei Außenwände. Die paar Wolldecken, die uns zugeteilt worden waren, spendeten nicht genug Wärme, und einen Ofen gab es weit und

breit nicht. Wollte sich jemand zu der Gemeinschaftsverpflegung, die meistens kaum genießbar war, etwas dazukochen, mußte er sich ein paar Ziegelsteine im Freien aufstellen und zusehen, daß er sein Essen gar bekam. Nach vielen Bemühungen bekamen wir endlich ein kleines Zimmer. Es war zwar nur 12 qm groß, aber wir hatten es für uns ganz alleine. Keiner kann wohl ermessen, was das eine Freude für uns war. Etwas später bekamen wir dann drei Bettgestelle. Zwei Personen mußten jeweils ein schmales Militärbett teilen. Einen Tisch und ein paar Stühle ließ man uns auch noch zukommen. Das Zimmer war aber so klein, daß uns nichts anderes übrig blieb, als ein Bett auf das andere zu stellen. Durch einen Arbeitskollegen meines Vaters war es uns möglich, einen Ofen zu kaufen. Nun brauchten wir nicht mehr zu frieren. Das Leben war erträglicher. Als wir dann erst unsere Lebensmittelkarten bekamen, war es auch mit dem Hunger nicht mehr so schlimm, denn wir konnten nun selber kochen und besser einteilen. Unter diesen Umständen verbrachten wir die erste Zeit im Scheerlager."
Die Räumung der Flüchtlingslager in Schleswig-Holstein begann – anfänglich sehr zaghaft, da weder die Umsiedlung noch der Wohnungsbau die Lagerzahlen merklich reduzieren konnten – mit dem Anlaufen der Barackenräumprogramme. Die im April 1952 durch die Landesregierung initiierten Programme zeigten allerdings erst Mitte der 50er Jahre Wirkung. Letztlich haben aber nicht einzelne Maßnahmen wie die Wohnungsbauprogramme, die Umsiedlungsaktionen und der Lastenausgleich – so sehr sie den Prozeß der Lagerauflösungen flankierend förderten – die Räumung der Lager bewirkt, sondern der ungeahnt rasche wirtschaftliche Wiederaufstieg Westdeutschlands. Er ermöglichte die Absorption der Flüchtlinge, da er die materiellen Lebensgrundlagen so stark vermehrte, daß auch den Flüchtlingen ihr Teil daran gegeben werden konnte, ohne daß er aus der Substanz der einheimischen Bevölkerung genommen werden mußte.

Erscheinungstypen der Flüchtlingslager

Infolge der insbesondere während des Krieges zunehmenden Vereinfachung der ursprünglich variantenreichen Barackentypen verbindet die öffentliche Meinung mit dem Begriff des Flüchtlingslagers die Vorstellung von der wohl häufigsten und gebräuchlichsten Form der meist aus Holz und seltener aus festem Material errichteten Barackenlager. Die Holzbaracke gewann während des Krieges eine weit über das Militärische hinausgehende Bedeutung. Baracken wurden eingesetzt für den Reichsarbeitsdienst, für die Organisation Todt, für Dienstverpflichtete, für Fremdarbeiter, für Kriegsgefangene, für Umsiedler und für Bombengeschädigte. Baracken wurden aber auch gebraucht als Produktionsstätten in der Rüstungswirtschaft, als Büros von Behörden und Firmen, als Lazarette, als Hilfsräume für Post und Eisenbahn und für viele ähnliche Zwecke. Eine traurige Berühmtheit erlangte die Baracke als Unterbringungsform in Konzentrations- und Arbeitserziehungslagern.
Der in den Flüchtlingslagern am häufigsten anzutreffende Barackentyp war die sogenannte RAD-Baracke (Reichsarbeitsdienstbaracke). Dieser Barackentyp hatte eine Gebäudetiefe von 8,14 m, eine Seitenwandhöhe von 2,65 m und eine Mindestlänge von 3,30 m (in beliebiger Verlängerung um jeweils weitere 3,30 m). Die RAD-Baracke gab es in 6 Variationen als Mannschafts-, Abort-, Verwaltungs-, Führer-, Wirtschafts- und Waschbaracke. Ein zweiter größerer Barackentyp war die sogenannte BfH-Baracke (Bevollmächtigter für den Holzbau-Baracke). In der RAD-Baracke lagen die Stuben ohne Verbindung neben der anderen, jede hatte ihr Fenster zur Front und zur Rückseite und, hinter einem kleinen Windfang, ihre eigene Ausgangstür zur Frontseite. Die BfH-Baracke wurde mit einer Gebäudetiefe von 5 m, 7,50 m, 10 m, 12,50 m und 15 m, einer Raumhöhe von 2,75 m und 3,25 m und einer Mindestlänge von 1,25 m (in beliebiger Verlängerung um jeweils weitere 1,25 m) hergestellt. Die Stuben der BfH-Baracke waren für jeweils 12 Personen links und rechts an einem Mittelgang entlang angelegt. Die weiteren Unterschiede zwischen den beiden Grundtypen brauchen nicht im einzelnen erörtert zu werden; von größerer Bedeutung ist die Tatsache, daß ab 1942 nur noch diese beiden Typen von Unterkunftsbaracken hergestellt werden durften. Mit dieser Vorschrift hatte die Typisierung auf diesem Gebiet ihren Höhepunkt erreicht und so die Voraussetzungen für eine ausgesprochen industrielle Massenproduktion gegeben. Der Aufbau einer Baracke über dem fertigen Fundament dauerte i. d. R. nur einen Arbeitstag. Die vorgefertigten Bauteile wurden durch Kopfschrauben mit Muttern an vorbereiteten Bohrlöchern miteinander verbunden, so daß weder Holzschrauben noch Nägel gebraucht wurden. Eine BfH-Baracke (auch 100-Mann Baracke genannt) hatte eine Unterbringungskapazität von rd. 124 Personen.
Eine weitere Erscheinungsform des Flüchtlingslagers war das Nissenhüttenlager. Das Besondere an dieser von dem kanadischen Ingenieur Peter Norman Nissen (1871–1930) konzipierten Unterkunft war seine auffällige Architektur. Die bereits während des 1. Weltkrieges auf britischen Feldflugplätzen eingesetzten Nissen-huts wiesen die Form eines Halbrundes auf und bestanden aus doppelwandigem Wellblech. Die beiden Kopfenden sowie die häufig vorhandene Trennwand waren aus gemauerten Steinen oder aus Holz; die Gesamtwohnfläche betrug 2 x 20 qm. Die Nissenhütten waren für eine Dauerunterbringung nicht geeignet. In den Sommermonaten herrschte unter dem nichtisolierten Wellblech eine unerträgliche Hitze und im Winter konnte der Frost ungehindert in die Unterkünfte eindringen. In einem Bericht des Kieler Wohnungsamtes vom August 1946 hieß es u. a.: „In den Nissenhütten auf dem Prof. Peters-Platz sind in einem Raum von ca. 20 qm (halbe Hütte) 10 Personen, in den meisten Fällen mehr, untergebracht. Diese Personen gehören nicht einer Familie an, sondern sind bunt zusammengewürfelt, Männer, Frauen, Kinder, Kranke usw. Unter Tränen erzählten uns Frauen, daß sie in großer Sorge um ihre Kinder sind, die durchweg einen kranken und gehetzten Eindruck machten. Schlafgelegenheiten bieten ehemalige Luftschutztragen. In Ermangelung von Tischen und Stühlen spielt sich das ganze tägliche Leben, wie essen und trinken, auf diesen Luftschutztragen ab. In den Hütten herrscht jetzt schon eine empfindliche Kälte, zumindest

nachts, wenn zu allem noch das Schweißwasser von den Blechwänden rinnt. Die letzten Habseligkeiten der Flüchtlinge verderben durch diese Feuchtigkeit. Das Lager ist in keinem Fall für den Winter geeignet."
Tatsächlich mußten im Winter 1946/47 mehr als die Hälfte der Lagerbewohner (besonders Familien mit Kleinkindern) evakuiert werden. In Anbetracht der katastrophalen Wohn- und Lebensbedingungen in den Nissenhütten wurden diese Lager in das 1952 durch die Landesregierung Schleswig-Holstein angeordnete ‚Erste Barackenräumprogramm' einbezogen. Durch die dadurch bewilligten Gelder war es möglich, den überwiegenden Teil der menschenunwürdigen Nissenhüttenlager bis Ende 1953 zu räumen und abzubrechen.
Eine besondere Erscheinungsform waren die Notunterkünfte für Luftkriegsgeschädigte, sog. Ein- und Zweieinhalbraumbaracken. Die Einraumbaracke hatte die Maße 5,52 m x 3,30 m, die der Zweieinhalbraumbaracke 5,52 m x 5,80 m. Trotz der räumlichen Enge in diesen Baracken, zogen viele Flüchtlinge und Ausgebombte diese Art der Unterbringung vor, weil jede Familie einen eigenen Wohnraum hatte.
Die Erscheinungstypen der Flüchtlingslager wechselten von der trostlosen Verlassenheit jener Barackenlager in den Sanddünen an der Nordsee, die einst dem Seekrieg dienten über die mit Flüchtlingen belegten neu errichteten Holzbauten in reizvoller Lage am Waldrand bis zu dem traurigen Barackenviertel am Rande einer bombenzerstörten Großstadt. Die überwiegende Mehrheit der Flüchtlingslager blieb jedoch eine Stätte der Not und des Ausgesetztseins; in einer solchen Umgebung waren die Insassen zwar reich an Zeit, arm jedoch an all dem anderen, was man zum Dasein benötigte.

Die großen Flüchtlingstrecks begannen im Januar 1945 als Flucht vor der nahenden Front. Sie wurden ein Ausdruck der Vertreibung, als am 5. Februar 1945 Bierut, der Ministerpräsident der Provisorischen Regierung der Polnischen Republik, erklärte, Polen übernehme die Zivilverwaltung über die deutschen Gebiete östlich von Oder und Neiße.

Das Flüchtlingslager bedeutete für viele der nach Schleswig-Holstein transportierten Flüchtlinge das vorläufige Ende ihrer Reise. Nach der Registrierung begannen unverzüglich die ärztlichen Untersuchungen, eine erneute Entlausung, die Verpflegungsverteilung und die Zuweisung der Unterkunftsräume.

⇦

Das Durchgangslager war i. d. R. die erste Anlaufstation der Flüchtlingstransporte. Für Schleswig-Holstein waren das die Durchgangslager in Bad Segeberg und Pöppendorf bei Lübeck. Nach einer gründlichen Entlausung mit DDT-Pulver wurden die Flüchtlinge registriert und auf die Bestimmungsorte verteilt.

Obwohl verbindliche Aufbaupläne für die Barackenlager existierten (z. B. von der Reichsleitung des Arbeitsdienstes) paßte man die örtliche Lage der Baracken i. d. R. den geographischen und technischen Gegebenheiten des Lagerplatzes an. Das Bild zeigt eines der größeren Lager der Stadt Kiel. Vorbei an der mit einem Fahnenmast versehenen Verwaltungsbaracke, in der sich das Lagerleiterbüro befand, führte die Lagerstraße an kleinen Nutzgärten entlang in das Flüchtlingslager hinein. Das 1941 für 500 Dienstverpflichtete konzipierte Wohnlager bestand aus 23 Wohn- und Wirtschaftsbaracken (einschl. Abortbaracken), die – bedingt durch die im Februar 1946 angelaufene ‚Aktion Swallow' – zunächst mit insgesamt 1500 Flüchtlingen belegt wurden. Die mit einem geschlossenen Transport eingetroffenen Flüchtlinge wurden

14 Tage streng isoliert, um ansteckenden Krankheiten – insbesondere Fleckfieber – vorzubeugen (Quarantänelager). Mit steigendem Einschleusungsdruck war die Durchführung der Quarantäne allerdings nicht mehr aufrechtzuerhalten. Die größtenteils beheizten Baracken waren anfangs ausschließlich mit Strohschütten ausgelegt; noch 1947 fehlten in diesem Lager – die Belegung war mittlerweile auf 682 Flüchtlinge reduziert worden – 140 Betten. In den Großräumen der RAD-Baracken waren bis zu fünf Familien untergebracht. Neben der mangelhaften Ausrüstung mit Möbeln fehlten ganz besonders Glühbirnen, so daß die Flüchtlinge buchstäblich ‚im Dunkeln saßen'.

Oft waren die Lagerplätze so ungünstig gewählt, daß anhaltende Regenfälle zu regelrechten Überflutungen führten. Im August 1946 mußten aus dem dargestellten Lager die Bewohner aus vier tiefergelegenen Baracken evakuiert werden, weil das Wasser bereits kniehoch in den Unterkünften stand. Die fast ausschließlich auf Holzpfählen errichteten Baracken sackten aufgrund dieser Unterspülungen häufig ab, so daß sich die gesamte Holzkonstruktion verzog. Als Folge ließen sich sowohl Fenster als auch Türen kaum mehr öffnen oder schließen.

In die Großräume dieses Barackentyps wurden insbesondere 1945/46 häufig sich völlig fremde Familien hineingepfercht. Symbol für diese in manchen Lagern bis Ende 1951 andauernde Massenunterbringung waren der Kreidestrich, die gelegten Ziegelsteine oder die Scheinwände aus Wolldecken oder Packpapier, welche die Wohnfläche einzelner Familien gegenüber den Nachbarn markieren sollten. Daß die Lebensverhältnisse in den Lagern und Massenunterkünften kümmerlich und nicht selten ausgesprochen schlecht waren, sollte allerdings nicht zu dem voreiligen Schluß verleiten, die im privaten Wohnraum der einheimischen Bevölkerung einquartierten Flüchtlinge seien in ihren materiellen Existenzbedingungen wesentlich besser gestellt gewesen. Der primäre Gewinn aus einer Einzelunterkunft lag wohl in der Wiederherstellung einer wenn auch räumlich noch so beengten Privatsphäre, also eher im psychologischen Bereich.

Gemäß ihrer geographischen Lage boten die Flüchtlingslager ein recht variantenreiches Bild. Die Erscheinungen wechselten von der trostlosen Verlassenheit eines Barackenlagers in den Sanddünen an der Nordsee, die einst dem Seekrieg dienten, bis zu den Lagern, die sich wegen der Luftangriffe in ehemalige Kiesgruben duckten, um so einigermaßen geschützt zu sein. Hier wie dort boten die kargen Böden kaum Gelegenheit für den Anbau von Kartoffeln oder Gemüse, so daß die Lagerbewohner oftmals nur Ziergärten anlegen konnten.

⇨

Bis Ende 1951 konnten sämtliche ‚Mehrfamilienunterkünfte' unterteilt werden, so daß jeder Familie ein separater Raum zur Verfügung stand.

Die größtenteils schon zu Kriegsende überalterten Holzbaracken waren nicht selten in einem ausgesprochen schlechten Zustand. Die Dächer waren undicht und schief wie die Baracken selbst, weil die Pfosten, auf denen sie standen, morsch geworden waren. Die Fenster waren entzwei oder undicht. Bei geschlossenen Türen und Fenstern wehten die Vorhänge gespenstisch hin und her. Da war es schon ein Glücksfall, wenn das Lager wenigstens über eine Waschküche für die große Wäsche verfügte.

⇨

Anfang der 50er Jahre wurden die baufälligen Holzaborte beseitigt und durch massive Gebäude ersetzt. Zusätzlich errichtete die Lagerverwaltung Abstellräume, um so die Wohnräume – in denen insbesondere Feuerung und Kartoffeln gelagert wurden – zu entlasten.

Wie stark die Lagerunterbringung den Eingliederungswillen der Flüchtlinge und ihre Initiative zu einem Neuanfang aus eigener Kraft untergraben konnte, zeigten auch die Erfahrungen der Arbeitsbehörden. Daß viele der in Massenquartieren Untergebrachten die Aufnahme von Arbeit mit der Begründung ablehnten, man könne nicht schwere und regelmäßige Arbeit verrichten, „solange man auf Massenverpflegung angewiesen sei, in der Nacht keine Ruhe und keinen Raum zum Trocknen der Kleider habe", lag nahe. Hinzu trat als das vielleicht grundsätzlichere Hemmnis, daß viele Flüchtlinge das Lagerdasein als Ausgangsbasis zu instabil erschien, um von da aus eine Existenzfindung zu unternehmen.

Die Belegung der Flüchtlingslager erfolgte üblicherweise durch Einweisung durch die Verwaltungsbehörde, also durch einen Verwaltungsakt. Hierdurch wurde ein öffentlich-rechtliches Wohnverhältnis begründet. Das Nutzungsentgelt (oder die Miete) wurde einseitig behördlich festgestellt. Durch eine Anordnung vom Dezember 1945 hatte die Militärregierung für das Gebiet Schleswig-Holstein einheitliche Sätze festgelegt. Für Baracken im Stadtgebiet oder an der Peripherie von Städten von mehr als 5000 Einwohnern wurde ein Satz von 0,25 RM pro qm und Monat erhoben; alle übrigen 0,20 RM. Diese Sätze waren Höchstsätze, die für die Gemeinden als Hauptmieter gegenüber den Flüchtlingen als Untermieter nicht überschritten werden durften. Mit der Übernahme der ehemaligen Wehrmachtsbaracken durch den Oberfinanzpräsidenten im Juni 1946 wurden die Mietsätze durch deutsche Behörden festgesetzt.

Die ursprünglich für die Luftwaffe konzipierten Einraum- und Zweieinhalbraumbaracken wurden ab 1941 für Evakuierte aus luftkriegsgeschädigten Häusern zur Verfügung gestellt. Nach 1945 änderte sich die Belegung der 5,52 m x 5,80 m und 5,52 m x 3,30 m großen Baracken insoweit, als auch Flüchtlinge eingewiesen wurden.

Trotz der räumlichen Enge zogen viele Flüchtlinge diese Art der Unterbringung vor, weil jede Familie ihren eigenen Wohnraum hatte. Die beiden hier gezeigten Kleinbarackenlager bestanden aus jeweils 23 Wohnbaracken, die 1941 in einer abgebauten Kiesgrube errichtet worden waren. Erst Ende 1956 konnten diese Lager geräumt und abgebrochen werden.

Dieses Kieler Nissenhüttenlager bestand aus 129 Wohn-, Abort- und Wirtschaftshütten. Die nach dem kanadischen Ingenieur Peter Norman Nissen benannten ‚nissen-huts' waren von der britischen Besatzungsmacht zur Verfügung gestellt worden. Die Nissenhütten hatten zumeist eine Gesamtwohnfläche von 40 qm und bestanden aus doppelwandigem Wellblech.

Die Nissenhütten waren als Unterkunft für die Wintermonate nicht geeignet. Durch die vielen Fugen und Ritzen zog der eisige Wind. Bis zu 13 Grad Kälte hatte man schon im Inneren gemessen. Infolge der schlechten Isolierung war die Bildung von Kondenswasser sehr stark. Es setzte sich vornehmlich an den Wellblechrippen ab, gefror bei Abkühlung und tropfte bei Erwärmung herab, so daß sich alles in einem Zustand ständiger Feuchtigkeit befand. Bei Einstellung der Beheizung verwandelte sich die Hütte in einen wahren Eispalast, der Zementfußboden war dann mit eisiger Glätte überzogen.

Diese Luftaufnahmen aus dem Jahre 1956 sind Beispiele für die Vielfältigkeit der Barackenanordnung. Das obere Bild zeigt ein ehemaliges ‚Gemeinschaftslager für Dienstverpflichtete', das 1939 für die ‚Deutschen Werke' in Kiel-Friedrichsort errichtet wurde. Nach einer kurzen Zeit als ‚Displaced Person Lager' wurde das Lager im Oktober 1949 mit Flüchtlingen belegt.

Das untere Bild zeigt ein ehemaliges Lager der Luftwaffe, das bereits 1945/46 mit Flüchtlingen belegt wurde. Besonders auffällig an diesem aus Holzbaracken und Nissenhütten bestehenden Lager sind die vielen Schuppen und Ställe, die sich die Lagerbewohner neben die Unterkünfte stellten.

Die Lagerbewohner und ihre Wohnverhältnisse

Wie war – nach amtlichen Begriffen – eine ‚menschenwürdige' Unterkunft beschaffen? Wenn eine Baracke mit einem Flächeninhalt von etwa sechzig bis siebzig Quadratmetern, die seit etlichen Jahren Wind, Wetter und Verfall preisgegeben ist, von vier Familien bewohnt wird, wenn es darin statt der Zwischenwände zerschlissene Decken gibt, die primitiv an einer Schnur aufgehängt werden und so die einzelnen Familien voneinander trennen, und wenn die Gerüche von vier Kochstellen sich mit den Ausdünstungen von zwanzig auf engstem Raum zusammengepferchten Menschen mischen? Es war noch menschenunwürdiger damals, als man ankam, nichts besaß, auch keine Decken, die man später verschämt und doch beglückt zwischen die eigene und die Häuslichkeit des anderen ziehen konnte, als man zu viert an einem einzigen Herd kochen mußte und ein Nagel eine Kostbarkeit war.
Der für eine Person zustehende Wohnraum in der britischen Zone war von der Militärregierung auf 4 qm festgesetzt worden. Aber auch diese Mindestwohnfläche konnte oftmals nicht bereitgestellt werden. In einer Stellungnahme des Wohnungsamtes der Stadt Kiel von 1946 zum Thema Wohnraum heißt es z. B.: „Die starken Zerstörungen im Stadtgebiet Kiel, die einen Ausfall von ca. 70 % des früher vorhandenen Wohnraumes ausmachen, haben dazu geführt, daß ein großer Teil der in Kiel ausgebombten Bevölkerung sowie Flüchtlinge noch in Barackenlagern untergebracht sind. Die den einzelnen Bewohnern in den Lagern noch vor 2 Monaten zu Verfügung stehende Wohnfläche von 2,8 qm konnte auf zur Zeit 3,8 qm erhöht werden."
Zusammen mit den während der Flucht und später geborenen Kindern betrug die Zahl der Flüchtlinge in Schleswig-Holstein nach der Sondererhebung (Dezember 1948 bis Januar 1949) 1104649 Menschen. Der größte Teil kam aus dem Gebiet der ehemaligen Provinz Ostpreußen und den östlich der Oder-Neiße-Linie liegenden Teilen der ehemaligen Provinzen Pommern, Brandenburg und Schlesien. Die stärkste Gruppe waren die Pommern mit 338007. Innerhalb des Landes verteilten sich die Flüchtlinge auf die kreisfreien Städte und Kreise wie folgt: Flensburg: 30539, Kiel 49730, Lübeck 80189, Neumünster 19433. In den Kreisen beliefen sich die Zahlen auf: Eckernförde 45930, Eiderstedt 12853, Eutin 57103, Flensburg-Land 40044, Herzogtum Lauenburg 70837, Husum 31782, Norderdithmarschen 30051, Oldenburg 58706, Pinneberg 81660, Plön 52263, Rendsburg 81719, Schleswig 55495, Segeberg 56513, Steinburg 80194, Stormarn 71672, Süderdithmarschen 4764 und Südtondern 34872.
Wie sahen nun die Verhältnisse in den Lagern in Schleswig-Holstein aus? Einige Beispiele sollen dies verdeutlichen. Im Landkreis Eckernförde waren 1949 über 8000 Flüchtlinge, darunter 6000 Frauen und Kinder in 39 Lagern untergebracht. 119 Familien mit 361 Personen hatten keinen eigenen abgeschlossenen Raum. Sie wohnten mit anderen Familien in Massenunterkünften zusammen. Im abseits gelegenen Lager Puttgarden auf Fehmarn waren 550 Frauen, 488 Kinder und 340 Männer untergebracht. Obwohl ständig Männer aus der Gefangenschaft hinzukamen, gab es für 300 arbeitsfähige Männer des Lagers keinerlei Arbeit. Eine neunköpfige Familie dieses Lagers erhielt 123 DM Unterstützung. In der gleichen Zeit mußten sie 243 DM für das Abkaufen von Lebensmittelkarten ausgeben. Es fehlten 12080 Wolldecken neben vielem anderen Hausrat. In der Wilhelm-Tank-Schule in Flensburg waren fünf Familien in einem Raum untergebracht, die nicht miteinander verwandt waren. Da nur zwei Bunkeröfen, die auf dem Schulhof standen, zum Kochen zur Verfügung standen, mußte die erste Familie bereits am frühen Vormittag und die letzte erst gegen 14 Uhr mit dem Kochen beginnen. Das in der Gemeinde Ratekau gelegene Waldlager-Ratekau beherbergte 582 Flüchtlinge. Das Lager bestand aus 14 großen Holzbaracken, die im Wald verstreut lagen. Die Räume der Baracken waren durchschnittlich mit vier bis fünf Familien, also bis zu 30 Personen, belegt. Bis auf Bettstellen befanden sich keine Möbel in den Räumen. In einer ehemaligen Soldatenkaserne in Ratzeburg mußten bis zu vier Personen (Kinder) in einem Einzelbett schlafen. Selbst die Strohsäcke waren nicht einmal als solche anzusprechen, weil sie mit Papierabfällen gefüllt

waren. Über das Lager Wehdenweg in Kiel hieß es in einem Bericht des Gesundheitsamtes: „Das Lager ist baulich in einem sehr schlechten Zustand; die Dächer sind teilweise undicht. Der größte Teil der Fenster in den Wohnungen läßt sich nicht öffnen, da keine Fensterflügel vorhanden sind und die Fenster zum Teil auch noch aus Drahtglas bestehen. Die sämtlichen Türen für die Aborte fehlen immer noch. Es ist ein unmöglicher Zustand, daß Frauen auf einer Toilette sitzend vorgefunden wurden. Im Lager sind reichlich Wanzen vorhanden; eine Baracke wurde ausgegast, die übrigen Barackenbewohner haben eine Vergasung verweigert. Vermehrtes Auftreten von Ratten wurde festgestellt, die aus den Gärten jenseits der Hauptstraße kommen. Das Lager ist ohne Waschküche. Als Folge hat sich bereits eine Verseuchung des Lagers mit Krätze ergeben. Es besteht ferner ein Mangel an Strohsäcken und Verbandszeug." In einer Nissenhütte auf dem Prof. Peters-Platz in Kiel lebten auf einer Wohnraumgröße von 20 qm drei verschiedene Familien (5 Personen), Durchschnittsalter über 70 Jahre, ein alter Mann 84 Jahre. Der Raum war in der kalten Jahreszeit trotz intensiven Heizens nicht warm zu bekommen. Von der Decke tropfte das Schwitzwasser auf die Bewohner. Wer nicht frieren wollte, mußte dauernd an der ‚Hexe' sitzen. Der Raum war nicht ausgemauert, da er sonst zu klein geworden wäre. Die Bewohner konnten ihres hohen Alters wegen den Raum nicht selbst instandhalten. Es waren keine Schränke vorhanden, die Kleidung lag teilweise auf den als Bett verwendeten Krankentragen, die sich nur wenige Zentimeter über dem Steinfußboden befanden. Ein besonders tragischer Fall ereignete sich in Kiel Russee. Eine siebenköpfige Familie war 1945 mit einem großen Treck aus Gumbinnen (Ostpreußen) nach Schleswig-Holstein gekommen und konnte nur behelfsmäßig in einem 14 qm großen Zimmer in einer Baracke untergebracht werden. Trotz intensiver Suche gelang es dem Vater der fünf Kinder nicht, eine Arbeitsstelle zu finden, so daß die Familie nur eine kriegsbedingte Fürsorgeunterstützung von 142 DM bekam. Das Eigentum der Familie bestand aus einer einzigen Feldbettstelle. Zwei Betten, vier Stühle, ein Tisch und eine Kommode waren geliehen. Als die Mutter ab Juli 1949 als Packerin in einer Kieler Zigarettenfabrik beschäftigt wurde, kürzte man die Unterstützung der Familie auf 63 DM. Als die Mutter an einem Oktober 1949 die Baracke verlassen hatte, schickte der verzweifelte Vater die Kinder ins Bett und ließ sie eine starke in Zuckerwasser aufgelöste Veronal-Dosis trinken. Nach Rückkehr von der Arbeitsstelle fand die Frau ihren Mann und die fünf Kinder in bewußtlosem Zustand vor. Die Kunst der Ärzte vermochte nur das jüngste, fünfjährige Mädchen am Leben zu halten. In einem Abschiedsbrief, den man neben einer Anzahl unbezahlter Rechnungen fand, schrieb der Vater, daß er bei der Beerdigung eines Flüchtlingskindes, das in derselben Baracke einige Tage vorher verbrühte, endgültig den Entschluß gefaßt habe, mit seinen Kindern aus dem Leben zu scheiden, um ihnen ein weiteres Leben unter diesen Umständen zu ersparen.

⇨

Die Flüchtlinge, die unter solchen Umständen zu vegetieren gezwungen waren, mußten sich als Verlassene und Verlorene fühlen. Hier war die Kluft zwischen dem geforderten Eingliederungspostulat und der tatsächlichen Lage der Flüchtlinge am augenfälligsten, hier erreichte das individuelle Flüchtlingsschicksal den äußersten Punkt der Dehumanisierung.

Die dunklen, scheinbar endlos langen Flure der Wehrmachtsbaracken gehören zu den nachhaltigsten Eindrücken ehemaliger Lagerbewohner; besonders dann, wenn sie ihre Kindheit im Lager verbrachten. In dieser Baracke war die Unterteilung der Räum bereits abgeschlossen, so daß jede Flüchtlingsfamilie wenigstens einen Raum für sich hatte (den bei aller Dürftigkeit irgendwie wohnungsähnlich einzurichten man sich dann bemühte). Bau- und Reparaturmaterial für die Notunterkünfte gewann man zunächst aus Trümmerhalden und beschädigten Baracken. Allerorten waren Improvisationsgeschick und Erfindungsgabe aufs höchste gefordert. Da die Baukapazität von Firmen minimal war und die Stadtverwaltungen zunächst vollauf mit der Beseitigung der Schuttmassen beschäftigt waren, blieb den Flüchtlingen oft nichts anderes übrig, als sich eigenhändig an den Ausbau ihrer Unterkunft zu machen.

Die wertvolle Feuerung wurde anfangs, als es noch keine Ställe oder Schuppen gab, in der Unterkunft verwahrt. Ganz Findige sägten den Barackenboden auf und verstauten die Vorräte unter der Baracke. Die Möblierung beschränkte sich zunächst auf Militärbetten und Spinde. Wer Glück hatte verfügte über einen Tisch und Stühle. Letztere konnten gegen ein Entgelt von der Lagerverwaltung ausgeliehen werden (z.B. kostete ein Tisch mit Sitzgelegenheit 0,25 RM mtl.).

Im Flüchtlingslager konnte man allgemein eine Verschiebung der innerfamiliären Autorität zugunsten der Frau beobachten. Dieser Autoritätsgewinn resultierte nicht alleine aus der gewachsenen Selbständigkeit der Ehefrauen während der Abwesenheit der Männer, sondern vor allem in der Einbuße, die das Autoritätsbewußtsein der Männer durch Deklassierung, Berufsverlust und Gefangenschaft erlitten hatte.

Anpassungsfähigkeit und die Gabe zur Improvisation waren die hervorstechendsten Eigenschaften der Flüchtlinge. Kurzerhand wurde so eine Fahrradfelge zu einem Spinnrad umfunktioniert.

Trotz klirrender Kälte kamen sie in dünnen Kleidern oder Anzügen, manche ohne Schuhe. „Die Mehrzahl", so notierten die Mitarbeiter des Kieler Weltwirtschaftsinstituts, „ist durch die oft monatelangen Strapazen körperlich verfallen und seelisch zerrüttet. Die meisten Flüchtlinge besitzen weiter nichts als das, was sie am Leib tragen."

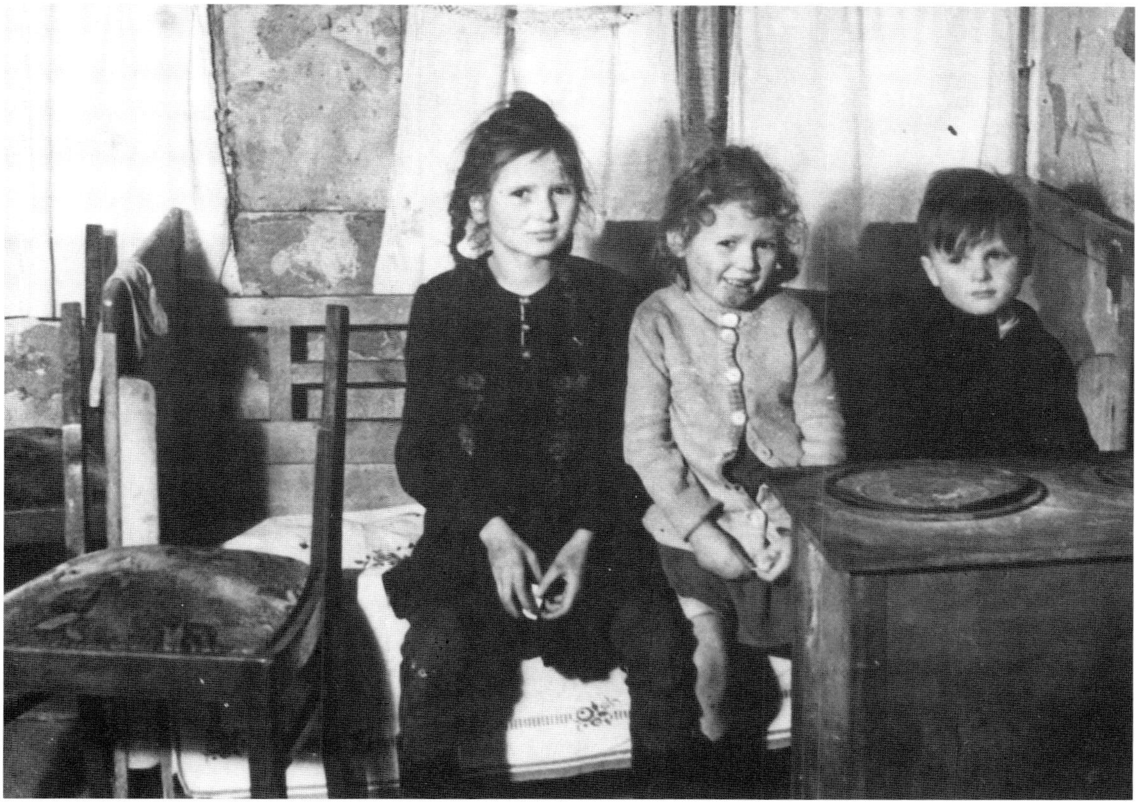

Besonders die älteren Flüchtlinge litten unter der Notdürftigkeit der Massenunterbringung, und dies um so mehr, als ein großer Teil der Quartiere weder vom baulichen Zustand noch von der Beheizbarkeit her winterfest waren.

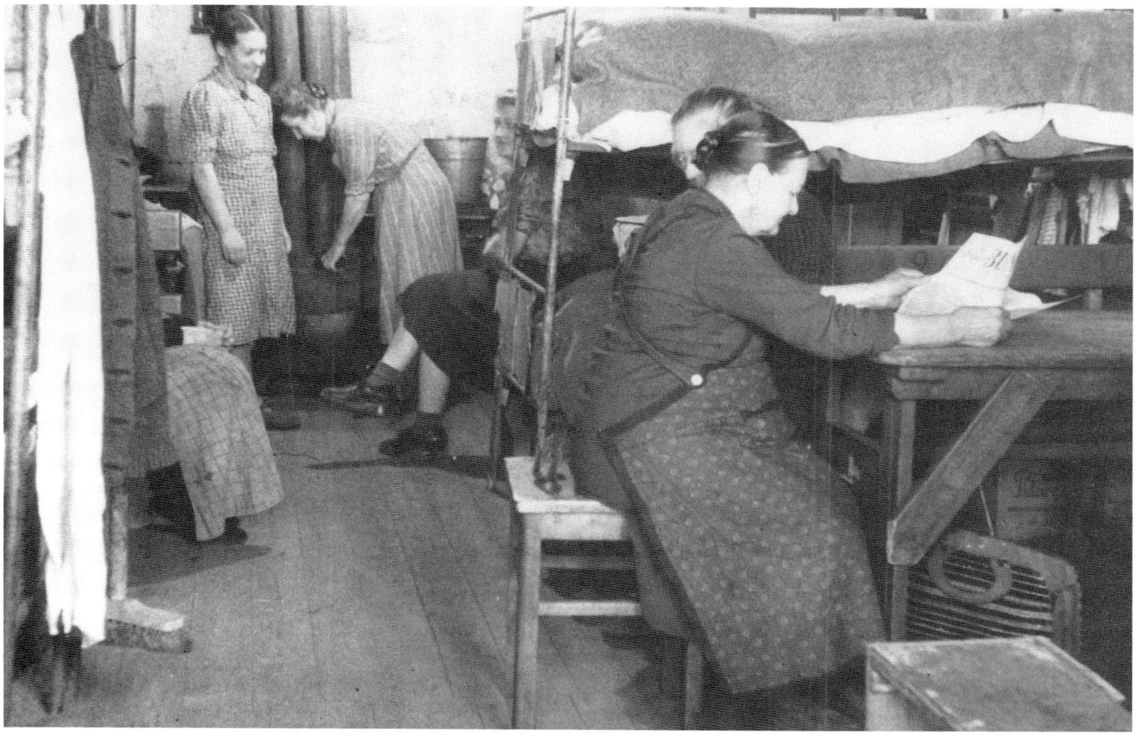

Wirtshaussäle, Turnhallen, Schulen und – wie hier abgebildet – ehemalige Kasernen wurden, soweit sie noch intakt waren, von den Landkreisen und Städten bereitgestellt. Mit viel Glück konnte die Gemeinschaftsverpflegung durch eine Schüssel mit Fischköpfen aufgebessert werden.

Die Ruhe, die diese ostpreußische Flüchtlingsfrau ausstrahlt, kann nicht über die Strapazen von Krieg und Vertreibung hinwegtäuschen, die sich tief in ihr Gesicht eingegraben haben.

Die große Wäsche bedeutete damals Arbeit für meist einen Tag. Mit etwas Glück verfügte das Lager über eine Waschküche, die vom Lagerleiter oder Lagerbeirat umschichtig vergeben wurde.

Die Hausarbeit wurde in der warmen Jahreszeit häufig nach draußen verlagert.

Familienidylle in einem der vielen privaten Flüchtlingslager. Die anfänglich starke Solidaritätsbindung der Flüchtlinge untereinander löste sich fast im gleichen Maße, wie den Familien der soziale oder wirtschaftliche Wiederaufstieg gelang. ⇩

Da die Flüchtlinge mangels geeigneter Tauschobjekte zur Bedarfsdeckung nicht in größerem Umfang auf den ‚Schwarzen Markt' ausweichen konnten, waren sie viel ausschließlicher als die einheimische Bevölkerung auf die eigene Bedarfsdeckung angewiesen. ‚Grow your own food' hieß die Devise.

Die Versorgung der Flüchtlinge mit Heiz- und Kochgelegenheiten war eine der drängendsten Sorgen der Flüchtlingsverwaltung. Angesichts eines solchen Holzhaufens läßt sich die äußerste Knappheit an Feuerung – insbesondere 1946/47, als ganze Wälder abgeholzt wurden – kaum mehr nachvollziehen.

Die Phantasie derjenigen ist hoffnungslos überfordert, die sich rückblickend die Lebenssituation in einer solchen Nissenhütte vorstellen wollen. Zum Scheitern verurteilt sind aber auch alle Versuche – einschließlich dieser Dokumentation – denen, die diese Zeitspanne nicht selbst erlebt haben, durch Beschreibungen und Bilder eine die Tatsachen und die Gefühle zutreffend wiedergebende Vorstellung zu vermitteln. Die Kälte, die in diesen ‚Wohntonnen' in den Wintermonaten herrschte, ist mit ‚beißend' sprachlich sicher richtig beschrieben. Dennoch versteht diesen Ausdruck derjenige nicht, der nur gelegentlich einmal ‚friert', weil er nicht die angemessene Kleidung wählte.

⇦
Die schweren persönlichen Schicksale, das Erleben des Zusammenbruches aller tragenden Ordnungen, aller sonstigen Rückhalte und Unterstützungsmöglichkeiten schweißten den überwiegenden Teil der Flüchtlingsfamilien in ihrem Kampf um das bloße Dasein auf Gedeih und Verderb zusammen. Die Familie wurde häufig als letzter Stabilitätsrest in einer offenkundig sich auflösenden Welt empfunden.

Die buchstäblich nackte Existenz zu sichern, war ohne Zweifel für die Flüchtlinge die wichtigste Sache. Im Kampf gegen den Hunger verwandelte man alle Grün- und Freiflächen in mehr oder weniger ertragreiche Schrebergärten und hielt neben der Baracke in Holzkäfigen die berühmten ‚Stallhasen'.

⇨

Familienfeste wie z. B. eine ‚Silberne Hochzeit' wurden stärker betont und verinnerlicht. Die meisten verstanden es, sie trotz der wenigen zur Verfügung stehenden Mittel festlich auszugestalten.

Der eigene Garten hinter oder vor der Baracke war oftmals der ganze Stolz der Hausfrau.

Leitwährung bis zur Reform im Juni 1948 war die Zigarette. Für eine davon wurde bis zu 20 RM bezahlt. Wem das zu teuer war, der versuchte es mit dem Tabakanbau im eigenen Garten. Eifersüchtig wurden diese Orient- und Virginiaverschnitte bewacht.

Da die Spielfreude während des Krieges und der Vertreibung zurückgedrängt und aufgestaut war und die Flüchtlinge eine Ablenkung von Leid und Sorgen suchten, kam es in den Lagern häufig zu einem bunten Nebeneinander von Volksschauspiel und Volkstheater, von Laienspiel und Freilichtaufführungen. Für die Kleinsten wurde so ein Barackenfenster zur Kasperlebühne.

Schlimmer noch als der Kleidermangel, gegen den man sich mit umgearbeiteten Uniformen, Fahnen und Decken helfen konnte, wirkte sich das Fehlen von Schuhzeug aus. Hier konnten oftmals nur die Hilfsorganisation der Mennoniten und das Hilfswerk der Schweizer Kirchen helfend eingreifen. Auf dem Bild freuen sich Kinder über eine Spende neuer Schals.

Die heranwachsenden Kinder waren besonders von der Lebenssituation im Lager betroffen. Meist entwickelten diese Kinder eine frühe Verantwortungsbereitschaft und unterstützten die Mutter beim Holzsuchen, Hamstern und anderen kleinen Tätigkeiten.

Trotzdem konnten die Kinder dem Lagerleben auch positive Seiten abgewinnen. Bei der drangvollen Enge in den Lagern gab es nie einen Mangel an Spielkameraden.

Eine Hochzeit war ein besonderes Ereignis, an dem nahezu das gesamte Lager teilnahm. Hier geleiten die Lagerkinder das Brautpaar zur Kirchenbaracke.

Der Eingang zur Baracke war ein beliebter Ort für ein ‚Schwätzchen'.

Die Flüchtlingslager an der Nordseeküste hatten aufgrund des ‚Strandholzes' weit weniger Probleme mit der Brennstoffversorgung.

Die adventliche Zeit, das Weihnachtsfest, der Muttertag und andere Familienfeste nahmen in den Lagern an Geltung zu. Der Mangel an Geschenken wurde durch größere Innigkeit überbrückt.

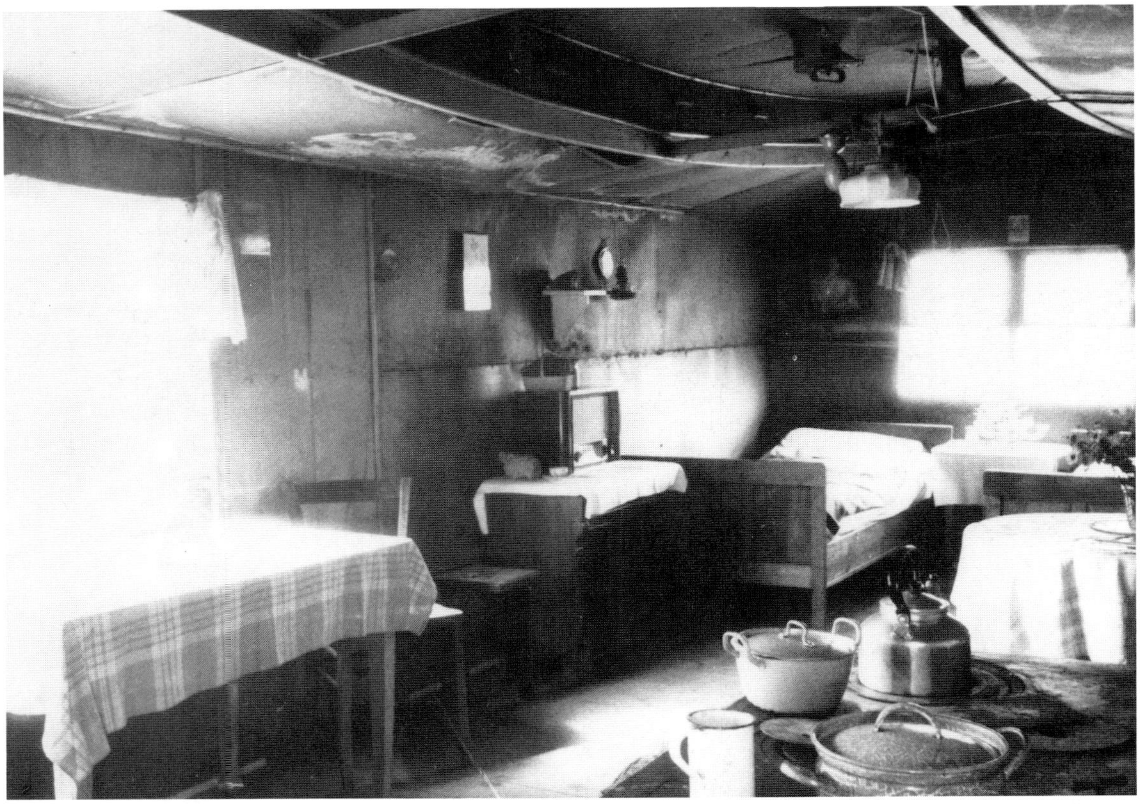

Sunil

Aus Mangel an geeigneten Küchenmöbeln waren die Gebrauchsgegenstände in dieser Barackenwohnung auf Regalbrettern aufgereiht. Gemäß § 7 des Gesetzes zur Behebung der Flüchtlingsnot vom November 1947 stand einer Familie folgender Mindestbedarf an Einrichtungsgegenständen zu: ein Kochherd oder Ofen mit Hexe, ein Kleiderschrank, ein Tisch und für jede Person eine Sitzgelegenheit, ein Bett mit Strohsack, zwei Wolldecken, einmal Bettwäsche und zwei Handtücher. Es bedarf kaum der Erwähnung, daß diese aufgezählten Dinge nicht immer in ausreichender Menge zur Verfügung standen.

⇦
Die Möglichkeit, Flüchtlinge in Arbeit zu bringen, war sehr gering. Noch 1950 waren 45% von ihnen erwerbslos, während es bei den Einheimischen nur 21% waren. Land, Kreise und Gemeinden mußten sich eine lange Zeit darauf einrichten, die größte Not mit eigenen Mitteln zu lindern. Sie mußten Obdach statt Wohnungen und Unterstützung statt Arbeit beschaffen, denn für mehr reichten weder die Finanzen noch die Möglichkeiten aus. Als unmittelbare Folge aus der Mittelknappheit resultierten die dargestellten Wohnbedingungen der Flüchtlinge.

Die Lagerkinder wollten als Gleiche unter Gleichen gelten, wollten den Einheimischen ebenbürtig sein. Nur die Älteren unter ihnen fanden zunächst „alles so fremd“ (Sprache, Spiele, Namen); die Kleinen, die wenig oder gar keine Erinnerung mitbrachten, glitten leichter in die neue Umgebung. Sie übernahmen schnell die Dorfmundart und begrüßten ihre erstaunten Eltem schon recht bald mit einem herzhaften ‚Moin‘.

Ein Auto erregte in einem Flüchtlingslager naturgemäß Neugierde. In diesem Fall bestaunen zwei kleine Lagerbewohner das Auto eines Besuchs, den eine Familie aus ihrer Baracke erhalten hat.

⇦
Der ungeahnt rasche wirtschaftliche Wiederaufstieg Westdeutschlands ermöglichte die Absorption der Flüchtlinge. Nur aufgrund dieser Tatsache konnte sich die Eingliederung ohne tiefgehende politisch-soziale Erschütterungen vollziehen. Äußerlich standen diese jungen Damen aus verschiedenen Flüchtlingslagern ihren einheimischen Geschlechtsgenossinnen schon bald in nichts nach.

Über die berufliche Gliederung der Lagerbewohner lagen statistische Angaben zunächst nicht vor. Die soziale Bandbreite in den Lagern dürfte anfänglich aber vom Universitätsprofessor bis zum Landarbeiter alles beeinhaltet haben. Nach einer durch Stichproben erhärteten ‚Erfahrung' waren noch 1954 über 70 % der Lagerbewohner von Unterstützungen verschiedenster Art oder von Kleinrenten abhängig. Bemerkenswert war der hohe Prozentsatz von Kindern unter 15 Jahren (am 1. 1. 1954 lag er bei 34,6 %). Dieser hohe Prozentsatz erklärt sich daraus, daß ursprünglich jede Gemeinde bestrebt war, kinderreichen anderweitig schwer unterzubringenden Familien in einem Lager Obdach zu geben.

Die Gesamtlage der Flüchtlinge in Schleswig-Holstein erfuhr bis 1956 durch Umsiedlung und freie Abwanderung fraglos eine erhebliche Erleichterung. Auch verbesserte sich die räumliche Verteilung der Flüchtlinge im Lande selber. In keinem der Stadt- oder Landkreise betrug der Anteil der Flüchtlinge verglichen mit der Zahl der Einheimischen noch 100% oder mehr (im Kreis Herzogtum Lauenburg lag der Anteil der Flüchtlinge mit 80 auf 100 Einheimische noch relativ hoch). Allerdings hatten Umsiedlung und Abwanderung neben der zahlenmäßigen Entlastung auch andere, nachteilige Wirkungen. Es waren in erster Linie die jüngeren und mittleren Jahrgänge, die das Land verließen und unter diesen besonders die spezialisierten Fachkräfte. Dadurch verschlechterte sich in Schleswig-Holstein relativ die Bilanz der Berufs- und Altersstruktur. In dem Maße, wie sich die Lage auf dem Arbeitsmarkt verbesserte (nur noch 10 % Erwerbslose unter den Flüchtlingen), verbesserten sich auch die Wohnbedingungen – wenn auch viele noch in Barackenwohnungen leben mußten. Als äußeres Zeichen eines verbesserten Lebensstandards dienten häufig der neue Küchenherd und das Radio.

Hilfe durch ‚Soziale Einrichtungen'

Als die Flüchtlinge in ihren Bestimmungsorten eintrafen, hatten sie eigentlich alles hinter sich, Hunger und Kälte, Raub und Vergewaltigung, und das Weitere sollte nun besser werden. Aber es war schlimm genug. „Bis zu 80 Menschen", so beschrieb ein Augenzeuge die Ankunft eines Flüchtlingstransportes in Lübeck, „waren mit ihrer letzten Habe in einem ungeheizten Güterwagen zusammengepfercht." Vor allem Kinder mußten auf diesen Transporten furchtbar leiden. Wer nicht schon im Treck oder mit dem Schiff nach Westen gezogen war, traf jetzt als ‚Stückgut' ein. In den Durchgangslagern wurden die Flüchtlinge ausgeladen und mit DDT bestäubt, damals ein Allheilmittel, das Seuchen verhindern und vor allem den Läusen den Zuzug verwehren sollte. Fast jeder Transport brachte Tote mit. Besonders im eisigen Winter 1946/47 war es grausam, viele kamen in dünnen Kleidern oder Anzügen, manche ohne Schuhe. „Die Mehrzahl", so das Kieler Institut für Weltwirtschaft, „ist durch die oft monatelangen Strapazen körperlich verfallen und seelisch zerrüttet. Die meisten Flüchtlinge besitzen weiter nichts als das, was sie am Leib tragen."

Die Bereitstellung von Unterkünften und die Organisierung von Gemeinschaftsverpflegung war die erste und wichtigste Aufabe, die von der Aufnahmeadministration zu leisten war. Eine funktionierende Flüchtlingsverwaltung gab es in den ersten Monaten nach der Kapitulation noch nicht. Lange bevor eine deutsche Flüchtlingsverwaltung der Not wirksam begegnen konnte, waren Hilfsaktionen von seiten des Auslands in Gang gekommen. Sie wurden in großem Maßstab von amerikanischen Gruppen betrieben, und die bekannteste Liebesgabe war das ‚Care-Paket', zu tausenden auf den Weg gegeben von der ‚Cooperative for American remittances to Europe'. Karitative Einrichtungen aus vielen Ländern wurden aktiv. Mit erheblichem Aufand bemühten sich kirchliche Organisationen um Beistand für die Flüchtlinge. Quäker, Methodisten, Mennoniten und natürlich Katholiken wie Lutheraner organisierten Bekleidung oder Lebensmittel. Ein besonders enges Verhältnis bestand zu dem ‚Hilfswerk der Evangelischen Kirche der Schweiz'. Durch die Equipe des Schweizer Hilfswerks wurden alleine in Kiel 214569 kg Lebensmittel verteilt.

Die Verpflegung der Flüchtlinge, ihre gesundheitliche Überwachung und Betreuung und die Zurverfügungstellung von Kleidung und Bedarfsgegenständen stellten Aufgaben von unvorstellbaren Schwierigkeiten dar, die noch dazu mit zum Teil unzulänglichen Mitteln bewältigt werden mußten. Das Rote Kreuz, die Wohlfahrtsverbände und die Kirchen haben hier Beispielhaftes geleistet. Trotzdem blieben Not und Elend gegenwärtig. Als die Militärregierung im September 1945 die Schulen wieder eröffnete, gingen viele Flüchtlingskinder erstmals nur wegen der Schulspeisung mit ihrem Essennapf oder auch nur mit einer Konservendose – ohne Schul- oder Schreibhefte – in die Schule. Der Kieler Ratsherr Köster besuchte im November 1946 die Barackenschule Elmschenhagen: „Vor wenigen Tagen – der Frost hatte bereits seinen Einzug gehalten – besuchte ich in Elmschenhagen die größte Schule der britischen Zone. Rund 2300 Jungens und Mädels besuchen dort täglich in vier Tagesschichten in einem häßlichen Barackenlager die Schule, um etwas zu lernen und um einen zusätzlichen Schlag warmen Essens zu fassen. 50 % der Schüler kommen nur in die Schule, weil der knurrende Magen sie zwingt, weil sie von ihren Kartenzuteilungen nie satt werden. 17 Kinder liefen noch barfuß. Mit Unterwäsche ist es ebenfalls erschreckend. Ich stellte die Frage ‚Was wird denn, wenn Mutter die Unterwäsche wäscht?' Darauf wurde geantwortet: ‚Mutter wäscht meistens sonnabends. Dann bleiben wir sonntags so lange im Bett, bis unser Zeug wieder trocken ist.'"

Die in Deutschland tätigen amerikanischen Wohlfahrtsverbände hatten sich 1946 zum Verband CRALOG (Council of Relief Agencies Licensed for Operations in Germany) zusammengeschlossen und ihr umfangreiches Hilfswerk, das Hunderttausende vor dem Hungertod rettete, begonnen. Im Mai 1946 wurde z. B. die CARE-Paketaktion (Cooperative for American remittances to Europe) gestartet, an der auch die Lagerkinder partizipierten. Besonders aktiv war auch das Hilfswerk der Evangelischen Kirche Deutschlands, das in den zwölf Jahren seiner Tätigkeit – bevor es mit der Inneren Mission zu einem diakonischen Werk der Evangelischen Kirche vereinigt wurde – sehr segensreich in den Lagern wirkte.

Es war ein allgemeines Charakteristikum der sozialen Folgelasten des militärischen Zusammenbruchs Deutschlands, daß nach Kriegsende die Inanspruchnahme von Leistungen der öffentlichen Wohlfahrtspflege ganz erheblich zunahm. Die Freisetzung von Arbeitskräften aus der zusammenbrechenden Kriegswirtschaft, das Fehlen einer Arbeitslosenhilfe, der Wegfall des Familienunterhalts für die Angehörigen der in die Wehrmacht Einberufenen und des Räumungsunterhalts für die Evakuierten ließen die Zahlen der aus Mitteln der öffentlichen Fürsorge Unterstützten in Schleswig-Holstein emporschnellen. Der Anteil der Flüchtlinge an den Unterstützungen ist in der Statistik für die ersten Jahre nicht ausgegliedert, doch waren die

Flüchtlinge hinsichtlich des Anspruchs auf Fürsorgeleistungen der einheimischen Bevölkerung von Anfang an rechtlich gleichgestellt.

Segensreich gestaltete sich die Arbeit der Flüchtlingsfürsorge in den Lagern. Relativ früh gelang es den manchmal bis zur physischen Erschöpfung tätigen Fürsorgerinnen mit Unterstützung ausländischer Hilfsorganisationen Wärmestuben, Nähstuben, Kleinkinderhorte und Kindergärten einzurichten und zu betreuen. Fast jedes Lager verfügte über eine ‚Fürsorgebaracke', die Anlaufstation für alle sozialen Belange war.

Die Familienfürsorgerin mußte den richtigen Ausgleich zwischen den sachlichen Gesichtspunkten der Ämter und den menschlichen Gegebenheiten der ihr anvertrauten Flüchtlinge finden. Das zwischen der Fürsorgerin und den von ihr betreuten Familien im Laufe der Jahre gewachsene Vertrauensverhältnis half, die oft komplizierten Sachverhalte transparenter zu machen.

„Der Arbeitsplatz der Flüchtlingsfürsorgerinnen war eine Wellblechbaracke. Es war eine mehr als mangelhafte Unterbringungsmöglichkeit. Besonders in dem kalten Winter 1946/47 hingen in dem Innenraum zeitweise 50 cm lange Eiszapfen." (Elfriede Hinrichs, Oberfürsorgerin in Kiel).

Die wichtigste Aufgabe bei Kriegsende war zunächst die Sicherstellung der Ernährung. Die bereits während des Krieges eingeführte Zuteilung der Lebensmittel wurde beibehalten. In den Nachkriegsjahren erhielt ein Erwachsener in Deutschland zwischen 900 und 1300 Kalorien täglich (der Mensch benötigt pro Tag jedoch 2200 Kalorien als Mindestmenge). Der Hunger wurde zum Hauptproblem der Bevölkerung, das sich im äußerst kalten Winter 1946/47 katastrophal zuspitzte. Erst im Laufe des Jahres 1949 wurde der Hunger für die meisten Deutschen – Dank der Hilfe internationaler Organisationen, wie z. B. des Dänischen Roten Kreuzes – besiegt. Anfang 1950 wurden die letzten Lebensmittelkarten ausgegeben.

Für viele Schulkinder war die ‚Schulspeisung', das aus Beständen der Besatzungstruppen bereitgestellte Essen, die einzige warme Mahlzeit am Tag. Im Februar 1946 erhielten 22000 Kieler Schulkinder aus 7 Großküchen eine tägliche Mahlzeit (sog. ‚Hooverspeisung' nach dem USA-Präsidenten Hoover benannte Lebensmittel-Unterstützung, die jedem Kind täglich 350 Kalorien zukommen ließ). An einer Schule in Heide wurden ab Dezember 1946 bis zu 4000 Essensportionen gekocht; die Vorräte wurden von der englischen Besatzungsmacht geliefert. Selbstversorger – auf dem Lande im wesentlichen die Bauernkinder – nahmen an der Schulspeisung nicht teil.

Plötzlich hatte die Schule auch für viele Lagerkinder eine ganz besondere Anziehungskraft: die Schulspeisung. Das Essen wurde unter Einschaltung des Landesernährungsamtes markenfrei geliefert und bedeutete die zusätzliche Verabfolgung von Kalorien – damals ein Zauberwort – in Form einer vollständigen warmen Mittagskost, für die je nach der sozialen Lage, in der sich die Eltern befanden, ein Unkostenbeitrag von 20 bis 50 Pfg. erhoben wurde. In begründeten Fällen verzichtete man auf diesen Obolus. In Spezialkübeln wurde das fertige Essen auf dem schnellsten Wege den verschiedenen Schulen zugeführt, so daß an allen Stellen zugleich die freiwilligen Helfer mit Unterstützung der Lehrkräfte die Ausgabe an die Kinder vornehmen konnten. Besonders beliebt bei den Kindern waren die süßen Keks- und Schokoladensuppen.

Grundsätzlich erhielten alle Lagerbewohner gegen die Lebensmittelmarken, die bei Zuzug von den Ernährungsämtern ausgegeben wurden, eine Gemeinschaftsverpflegung. Diese Gemeinschaftsverpflegung, die entweder in der Lagerküche oder von privaten Firmen außerhalb des Lagers zubereitet und dann in großen Kübeln geliefert wurde, entsprach in den wenigsten Fällen den Vorstellungen der Verpflegten. Sie war wenig gehaltvoll und wurde von vielen Lagerbewohnern als ‚ungenießbar' bezeichnet. Erst im Laufe des Jahres 1949 wurden die Lagerküchen aufgelöst und die entstandenen Versorgungslücken durch kleine Verkaufsstellen in den Wirtschaftsbaracken ersetzt.

Kartoffeln bildeten den Hauptbestandteil der Gemeinschaftsverpflegung, um die Kartoffeln kreiste das Denken der Menschen. Brot war der andere Hauptbestandteil der täglichen Nahrung, doch konnte die für notwendig erachtete Menge von 300 g/Tag nicht in allen Lagern ausgegeben werden. Brot war stets knapp. Um mit der vorhandenen Menge auszukommen, haben die Mütter in besonders kritischen Wochen die tägliche Ration auf dem Rücken des Brotes eingekerbt und die Scheiben abgewogen. Wurde das Maß überschritten, herrschte in den nächsten Tagen bitterer Hunger.

Die Verkaufsstellen, die mit der Einstellung der Gemeinschaftsverpflegung eingerichtet wurden, hatten für die Versorgung der Lagerbewohner mit dem täglichen Bedarf eine zentrale Funktion. Nicht selten erwuchsen dem Betreiber dieser kleinen Läden zusätzliche Aufgaben (zumal in der Verkaufsbaracke häufig das einzige Telefon – neben dem Telefon des Lagerleiterbüros – vorhanden war), die mit der reinen Verkaufstätigkeit kaum mehr etwas zu tun hatten.

Ein großer Teil der Flüchtlingslager wurde täglich von mobilen Verkaufsstellen angefahren; entweder um ein zusätzliches Angebot zu schaffen oder die alleinige Versorgung des Lagers aufrecht zu erhalten, da nicht alle Lager – manchmal aufgrund der Lagergröße – über eine ‚Lagerkantine' verfügten. Diese Verkaufsfahrer benötigten von der Lagerverwaltung eine Konzession, um die nicht selten Streitigkeiten mit dem Lagerkaufmann – so es ihn gab – entbrannten.

Die Lagerfeste gehören zu den angenehmen Erinnerungen der ehemaligen Bewohner. Mit der ‚kulturellen Betreuung' der Flüchtlingslager in Schleswig-Holstein wurde 1949 der Schauspieler und Rezitator Albert Raehse vom ‚Ministerium für Umsiedlung und Aufbau' beauftragt. Raehse stellte eine Truppe von fünf Künstlern zusammen, die als ‚Raehse-Truppe' durch viele der großen Flüchtlingslager zog und die Lagerbewohner mit Gesang, Rezitationen und kleinen Sketchen erfreute. Das untere Bild zeigt die Truppe v. l. Albert Raehse, Elsa Schlußnus, Hermann Schäfer, Helga Schütz und Heinz Pahls.

Bereits 1946/47 konnten in den größeren Flüchtlingslagern betreute Kindergärten für die nicht schulpflichtigen Kinder eingerichtet werden. Viele der durch die Kriegs- und Fluchtereignisse geprägten Kinder mußten das Spielen regelrecht wieder erlernen.

Die Kindergärten, die durch die Familienfürsorgerin überwacht wurden, verschafften den Müttern wieder einen kleinen Freiraum für sich selber. Einige dieser Kindergärten boten sogar eine Ganztagsbetreuung an, in die auch die Einnahme der Mahlzeiten eingeschlossen war.

Der erste größere Strom der Flüchtlinge fand bei seinem Eintreffen in Schleswig-Holstein ein Schulwesen vor, das nicht nur an der Zerstörung oder Beschlagnahme zahlreicher Schulgebäude, sondern auch an einem empfindlichen Lehrermangel litt, weil viele Lehrer gefallen oder noch nicht aus der Kriegsgefangenschaft zurückgekehrt waren, viele andere aber wegen ihrer nationalsozialistischen Parteizugehörigkeit oder Betätigung vom Dienst suspendiert waren. Aber bereits im Frühjahr 1946 hatten trotz des Lehrermangels (der durch Lehrer unter den Flüchtlingen weitgehend kompensiert werden konnte) wieder 99 % der schulpflichtigen Kinder Unterricht.

Lagerschulen wurden entweder in besonders abgelegenen oder besonders großen Lagern eingerichtet. Der starke Zustrom an Kindern – besonders auf dem Lande – bedeutete eine Überfüllung dieser Schulen, in denen häufig mehrere Jahrgänge gleichzeitig unterrichtet wurden.

Die Unterrichtsräume in den Schulbaracken waren sehr karg eingerichtet. Bereits ein trockener, warmer Raum war ein unschätzbarer Vorzug.

In der Zeit der Flucht oder der Ächtung vor der Vertreibung hatten die Kinder bis zu anderthalb Jahre ohne Schule leben müssen. Das bedeutete für die meisten beim Eintritt in die Schulen der neuen Heimat einen Verlust von einem bis zu zwei Schuljahren.
Ein Teil der Lagerkinder glich den Verlust der Schulzeit allerdings mit doppelter Energie wieder aus und schaffte den Zugang in das seiner Altersgruppe entsprechende Schuljahr.

Für die älteren Lagerbewohner wurden seitens der Lagerverwaltungen ‚Wärmestuben‘ eingerichtet, die trotz Engpässen in der Brennstoffversorgung in den kalten Wintermonaten beheizt wurden. Die größeren Gemeinschaftsbauten, die einer Gruppenleistung ihre Existenz verdankten, wurden im Lager gleichfalls vorwiegend als Notformen zustande gebracht. Am deutlichsten zeigte sich dies an den Kirchenbaracken, einer häufigen Art von Gemeinschaftsbauvorhaben, zumal das religiöse Bedürfnis der Flüchtlinge sehr lebendig war.

Für die meisten der Kinder war das Flüchtlingslager – abgesehen von einer gewissen Stigmatisierung in der Schule – schneller und besser zu verkraften als für manchen Erwachsenen. Auch als es noch keine Luftreifenroller gab, ließ es sich vortrefflich spielen – wie sich die Ministerin für Arbeit, Soziales und Vertriebene, Frau Dr. Lena Ohnesorge, überzeugen konnte.

Die vorläufigen Wohnorte der Flüchtlinge lagen meist – wie dieses einsame Waldlager – in abgelegenen Gegenden. Es war daher eine vordringliche Aufgabe, den Kindern durch geeignete Veranstaltungen und Feste etwas Licht in den grauen Alltag zu bringen.

In fast allen Flüchtlingslagern fand einmal im Jahr ein Kinderfest statt. Hier begrüßt der Lagerleiter die großen und kleinen Gäste.

⇧ Erwartungsvoll warten die Mütter mit ihren Kleinkindern auf die Darbietungen der Lagerjugend.

Die Größeren zeigen ihre Turnübungen. ⇩

Eine erste, allgemein gültige Lagerordnung für Schleswig-Holstein wurde im Jahre 1946 erlassen, als die große Anzahl der Lager und ihre dichte Belegung eine Reglementierung nötig machten. Besonderer Wert wurde darin auf einen möglichst reibungslosen Umgang der Lagerbewohner untereinander, auf Sauberkeit und auf den Schutz des Eigentums gelegt. Die dominierende Figur im Lager war der Lagerleiter (oder wie auf dem Bild die Lagerleiterin).

Die Lagerordnung legte die verschiedenen Aufgaben, Pflichten und Rechte von Lagerleitung und Lagerausschuß fest. Die Befugnisse des Lagerausschusses (oder Lagerbeirates) waren recht gering. Sie bestanden in einer mindestens alle 14 Tage stattfindenden Sitzung mit dem Lagerleiter, um Kenntnis zu nehmen „von allen wichtigen Lagerangelegenheiten (z. B. Küchenausschuß), wichtigen Verfügungen, Dienstvorschriften und den vorhandenen Mitteln und ihre Verwendung." Weiterhin hatte der Ausschuß die Interessen der Lagerbewohner gegenüber dem Lagerleiter zu vertreten, „die Wünsche und Beschwerden der Flüchtlinge vorzubringen und auftretende Streitigkeiten unter den Flüchtlingen zu schlichten." Der dreiköpfige Lagerausschuß, der von den stimmberechtigten Lagerbewohnern gewählt wurde und mindestens eine weibliche Person haben mußte, bestimmte aus seiner Mitte einen Sprecher oder eine Sprecherin.

Die Räumung der Flüchtlingslager

Wohnungsbau, Umsiedlung und Auswanderung konnten die Wohnungskatastrophe der ersten Nachkriegsjahre in Schleswig-Holstein zwar mindern, nicht aber die Wohnungsnot von den sozial Schwachen abwenden. Noch im Herbst 1950, fünfeinhalb Jahre nach Einstellung der Feindseligkeiten, zählte man im Lande nicht weniger als 245000 Bewohner von Notunterkünften (Behelfsheimen, Wohnbaracken, Nissenhütten, Bunkern, Wohnlauben, Wohnwagen und -schiffen oder Gebäuderesten). Fast jeder zehnte Bewohner des Landes mußte in solcher provisorischen Behausung leben, die doppelte Anzahl wie im Bundesdurchschnitt. Die Hälfte hiervon entfiel auf Flüchtlingslager. Neben 10000 sog. ‚Sowjetzonenflüchtlingen' in den Flüchtlingsdurchgangslagern Wentorf und Lübeck-Blankensee wohnten bis März 1954 noch rund 70000 Flüchtlinge und Evakuierte zum Teil schon etliche Jahre in 541 anerkannten Flüchtlingslagern des Landes.
Das beispiellose Einströmen der Flüchtlinge nach Schleswig-Holstein im Gefolge des Zusammenbruchs zwang zur Erfassung jedes freien Raumes zur Unterbringung der Menschen. Neben Hotels, Schlössern, Sälen, Fabrikhallen und dergleichen boten sich hierfür insbesondere die von Militär, RAD, OT oder ähnlichen Organisationen geräumten Kasernen, Barackenlager und Bunker an. Keiner konnte damals ahnen, daß diese Notunterkünfte häufig zu Dauerunterkünften wurden. Kaum einer nahm an, daß die großenteils schon zu Kriegsende überalterten Holzbaracken überhaupt noch ‚durchhalten' würden. Vor allem aber erscheint es geradezu unglaublich, daß die Menschen in diesen Lagern nicht noch weit schwerere körperliche und seelische Schäden erlitten haben, als es bereits der Fall war. Der Bauzustand der Lager hing im einzelnen nicht zuletzt davon ab, wer ihr Eigentümer bzw. Verwalter war. Die Unterhaltung von Flüchtlingslagern war stets ein ‚Zuschußgeschäft'. Wer wollte den privaten Eigentümer eines Lagers für die mangelhafte Bauunterhaltung der Baracken verantwortlich machen, wenn die Miete nicht einmal ausreichte, die Grundstückslast zu decken. Dreiviertel aller Lager waren Eigentum des Bundes; die übrigen gehörten überwiegend den Gemeinden. Bedingt durch zwingende Vorschriften des schleswig-holsteinischen Eingliederungsgesetzes vom 30. 1. 1952 ging die Verwaltung aller anerkannten Lager auf die Kreise über, die sie zum kleineren Teil auf die Gemeinden delegierten.
Der Prozeß der Auflockerung der Lagerbelegung schritt nach der Beseitigung der Massenunterkünfte bis Ende 1951 weiter fort. Betrug die Durchschnittsbelegung eines Lagers am 1. 4. 1950 noch 176 Personen, so lag sie am 1. 1. 1954 bei 130 Personen. Von dem im Kontrollratsgesetz Nr.18 der deutschen Bevölkerung zugebilligten Satz einer Mindestwohnfläche von 4 qm je Person war nach 1954 nicht mehr die Rede. In der Stadt Flensburg betrug die Lagerwohnfläche je Person 7,3 qm, was in etwa dem Landesdurchschnitt entsprach.
Der weitaus wichtigste Faktor für die Entlastung Schleswig-Holsteins von einem unerträglichen Bevölkerungsdruck war die äußere Umsiedlung. Ihr Schwerpunkt lag in den ersten Jahren insbesondere auf der Freimachung der gleichfalls mit Flüchtlingen überfüllten Hotel- und Gaststättenbetriebe sowie der Entlastung der Inseln. Auf diese Weise konnten in der Folgezeit schon damals ganze Lager und umfangreiche Teile von Großlagern auf den Inseln Sylt und Fehmarn geräumt bzw. abgebrochen werden. Nach der Rechtsverordnung der Bundesregierung über die Umsiedlung vom 13. 2. 1953 waren bei der Auswahl der aus Schleswig-Holstein zunächst vorgesehenen 65000 Umsiedler vorzugsweise Bewohner von Flüchtlingslagern und Notwohnungen zu berücksichtigen. Diesem Beschluß wurde in Schleswig-Holstein durch Sonderwerbungen in den Flüchtlingslagern in Zusammenarbeit mit dem Landesverband der Vertriebenen Deutschen besonderer Nachdruck verliehen.
Ein besonderes Verdienst an den Erfolgen der Lagerräumung gebührt den mit der Durchführung der Maßnahmen betrauten Kreisbeauftragten für das Flüchtlingswesen. Es bedurfte eines außergewöhnlichen Maßes an Zähigkeit und Energie, gepaart mit menschlichem Verständnis und Taktgefühl, um die Lagerbewohner der zu räumenden Lager zum Umzug in die

für sie erstellten Neubauwohnungen oder in die im Tauschwege freigemachten angemessenen Altwohnungen zu bewegen. Auch der in auskömmlichem Dauerverdienst stehende Lagerbewohner war keineswegs immer bereit, seine Barackenräume gegen eine Normalwohnung einzutauschen. Gewöhnung an die billige, nicht selten mit eigenen Mitteln verbesserte Lagerunterkunft, nachbarliche oder landsmannschaftliche Bindungen, der eigene Stall mit Ziege, Schwein oder Hühner und das eigene zuweilen sogar recht ansehnliche Stück Land waren nicht zu unterschätzende Ursachen für das von allen Behörden gefürchtete Beharrungsvermögen der Lagerbewohner. Besonders schwierig war das Problem angesichts des hohen Anteils der Unterstützungsempfänger, die tatsächlich zur Zahlung einer normalen Miete größtenteils außerstande waren. Neben dem allgemeinen Verbot von Neueinweisungen in Flüchtlingslager hatte der schleswig-holsteinische Gesetzgeber seit dem 30. 1. 1952 auch der Lagereinweisung Obdachloser einen Riegel vorgeschoben. Die gleichbleibende Abnahme der Zahl der Lagerbewohner war also keine automatische Erscheinung. Sie konnte insbesondere durch verstärkte Auswahl von Umsiedlern aus den Reihen der Lagerbewohner und durch Erstellung von zweckgebundenen Wohnungen im Rahmen der neun Barackenräumprogramme bis 1965/66 erreicht werden. In unserer raschlebigen Zeit sind viele Bilder und Gegebenheiten jener Tage aus dem Gedächtnis entschwunden – ebenso wie die Lager, die längst abgerissen sind und deren ehemalige Standorte nichts mehr von ihnen verraten.

⇨

Die Demontage dieser RAD-Baracke verdeutlicht die Platten- oder Tafelbauweise. Die Baracken waren so konstruiert, daß alle Einzelteile sich in bezug auf den Grundriß in ein bestimmtes Quadratnetz einfügten. Dadurch wurde erreicht, daß alle gleichartigen Bauteile, wie Wand-, Fußboden-, Dach- und Deckentafeln untereinander austauschbar waren.

⇨

Während die vollerwerbsfähigen und tatkräftigen Lagerbewohner durch Eigeninitiative oder die Umsiedlung, auch unter Inkaufnahme der zeitweiligen Trennung von ihren Angehörigen, Arbeit suchten und aufnahmen und zu einem späteren Zeitpunkt nach Schaffung der Wohnung ihre Familien aus dem Lager nachholten, blieb häufig im Lager ein Personenkreis zurück, der durch Krieg und Kriegsfolgen schwer betroffen, oft der Erwerbsfähigkeit beraubt, auf öffentliche Unterstützung angewiesen und durch mehr als zehnjährigen Lageraufenthalt in der eigenen Willenskraft geschwächt, zu einer sozialen Nachhut geworden war. Da das Familieneinkommen dieser Lagerbewohner es nicht erlaubte, die über die langjährig gewohnten niedrigen Lagermieten weit hinaus gehende Wohnungsmieten zu zahlen, stellten sie sich nicht selten gegen die Auflösung und den Abbruch des Lagers.

Das Ziel der behördlichen Maßnahmen ging zunächst dahin, die Familien, die noch gemeinsam in einem Raum wohnten, innerhalb der Lager getrennt unterzubringen; sodann galt es, den großen Familien erträgliche Wohnverhältnisse zu schaffen. Die Auflösung bzw. der Abbruch des Lagers war stets erst der letzte Schritt. Am 1. 10. 1955 wurden in Schleswig-Holstein noch 392 anerkannte Flüchtlingslager mit 54783 Personen gezählt. Gemessen am Stand vom 1. 4. 1950 war ein Rückgang der Lager um 336 oder 46,2 % und der Lagerbewohner um 72973 oder 57,1 % festzustellen. Hierbei war bemerkenswert, daß die Räumungserfolge in den Landkreisen erheblich über denen der kreisfreien Städte lagen. Über die Hälfte der auf dem Lande gelegenen Lager mit genau $^{2}/_{3}$ der Lagerbewohner konnte in dem genannten Zeitraum geräumt werden. Demgegenüber war der Rückgang der Lagerzahl bei den kreisfreien Städten um 30,8 % mit 44,8 % der ursprünglichen Lagerbelegungszahl weniger eindrucksvoll. Der Grund für das Zurückbleiben der größeren Städte lag zum Teil in der relativ geringen Entlastung durch die äußere Umsiedlung, zum Teil auch in dem Umstand begründet, daß sie als besonders gesuchte Standorte für das gewerbliche Leben einen ständigen Zuzug und damit auch eine größere Anzahl von Bewerbern auf Neuaufnahmen im Wege der gesetzlich zulässigen Ausnahmeregelung aufzuweisen hatten. Schließlich darf nicht vergessen werden, daß der Bauzustand der Flüchtlingslager in den Städten i. d. R. besser war als auf dem flachen Lande.

Die Beseitigung der Flüchtlingslager verursachte nicht selten erhebliche Kosten, da der Verkauf der Baracken sich kaum mehr lohnte (die Lebensdauer einer Baracke wurde im allgemeinen mit 10 bis max. 15 Jahren veranschlagt). Statt des konventionellen Abbruchs entschlossen sich viele Lagerverwaltungen für die Niederbrennung der Baracken, die dann im Rahmen einer Zivilschutzübung von der Feuerwehr durchgeführt wurde.

Leerstehende Lager wurden in kürzester Zeit Opfer von marodierenden Rowdys, die Fenster und Türen zerschlugen und so die ohnedies desolaten Baracken völlig unbewohnbar machten.

Auch die nach Auszug der Flüchtlinge an ortsansässige Firmen vermieteten oder verkauften Baracken wiesen kaum mehr Substanz auf als diese windschiefe, halbverfallene Baracke aus einem ehemaligen Flüchtlingslager.

⇦

Von der Einstellung des Lagers in das entsprechende Barackenräumprogramm bis zur Räumung des sogenannten Lagers vergingen bis zu drei Jahre. Bei größeren Lagern wurden zunächst einzelne Baracken geräumt und abgebrochen; manchmal gelang es der Bundesvermögensverwaltung, Baracken oder Barackenteile zu verkaufen.

⇦

Die Flüchtlingslager konnten bis zum Ende der 60er Jahre geräumt werden. Allerdings gab es eine Entwicklung, die diese Räumungserfolge wieder relativierte. Wegen des hohen Aufkommens an obdachlosen Personen wurden viele ehemalige Flüchtlingslager in Schleswig-Holstein zu Obdachlosenlagern. Als z. B. Mitte 1966 das letzte Flüchtlingslager der Stadt Kiel geräumt wurde, gab es in Kiel bereits wieder insgesamt 13 Obdachlosenlager mit einer Gesamtbelegung von 2254 Personen. Aber auch diese Lager sind letztendlich verschwunden und die Bilder und Gegebenheiten jener Tage sind dem allgemeinen Gedächtnis entschwunden. An sie zu erinnern ist Anliegen dieser Dokumentation.

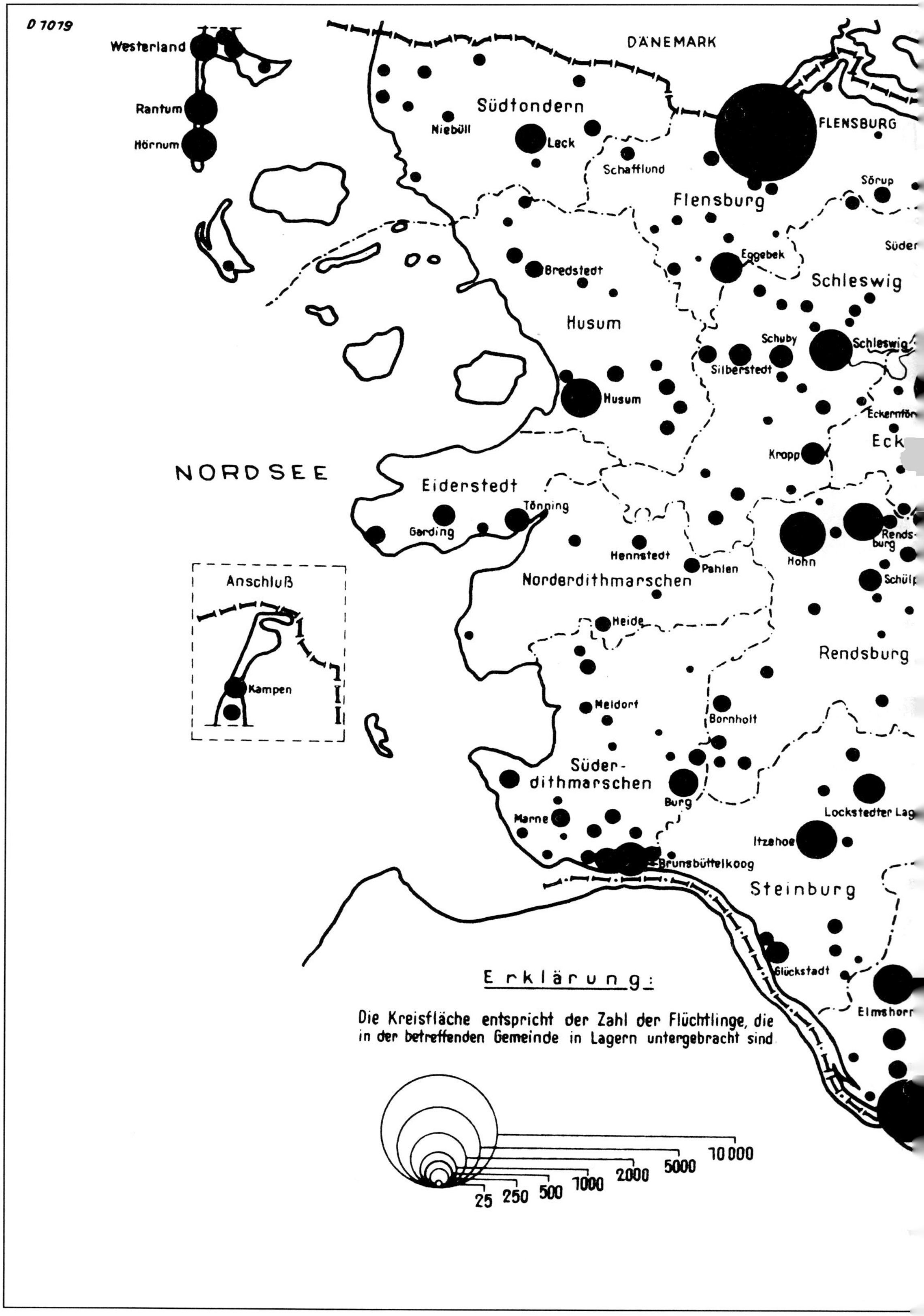
DÄNEMARK
Westerland
Rantum
Hörnum
Südtondern
Niebüll
Leck
Schafflund
FLENSBURG
Flensburg
Sörup
Süder
Eggebek
Bredstedt
Schleswig
Husum
Schuby
Schleswig
Silberstedt
Husum
Eckernför
Eck
Kropp
NORDSEE
Eiderstedt
Tönning
Garding
Hennstedt
Pahlen
Hohn
Rends-burg
Schülp
Norderdithmarschen
Anschluß
Kampen
Heide
Rendsburg
Meldorf
Bornholt
Süder-dithmarschen
Burg
Lockstedter Lag
Marne
Itzehoe
Brunsbüttelkoog
Steinburg
Glückstadt
Elmshorn
Erklärung:
Die Kreisfläche entspricht der Zahl der Flüchtlinge, die in der betreffenden Gemeinde in Lagern untergebracht sind.
10 000
5000
2000
1000
500
250
25

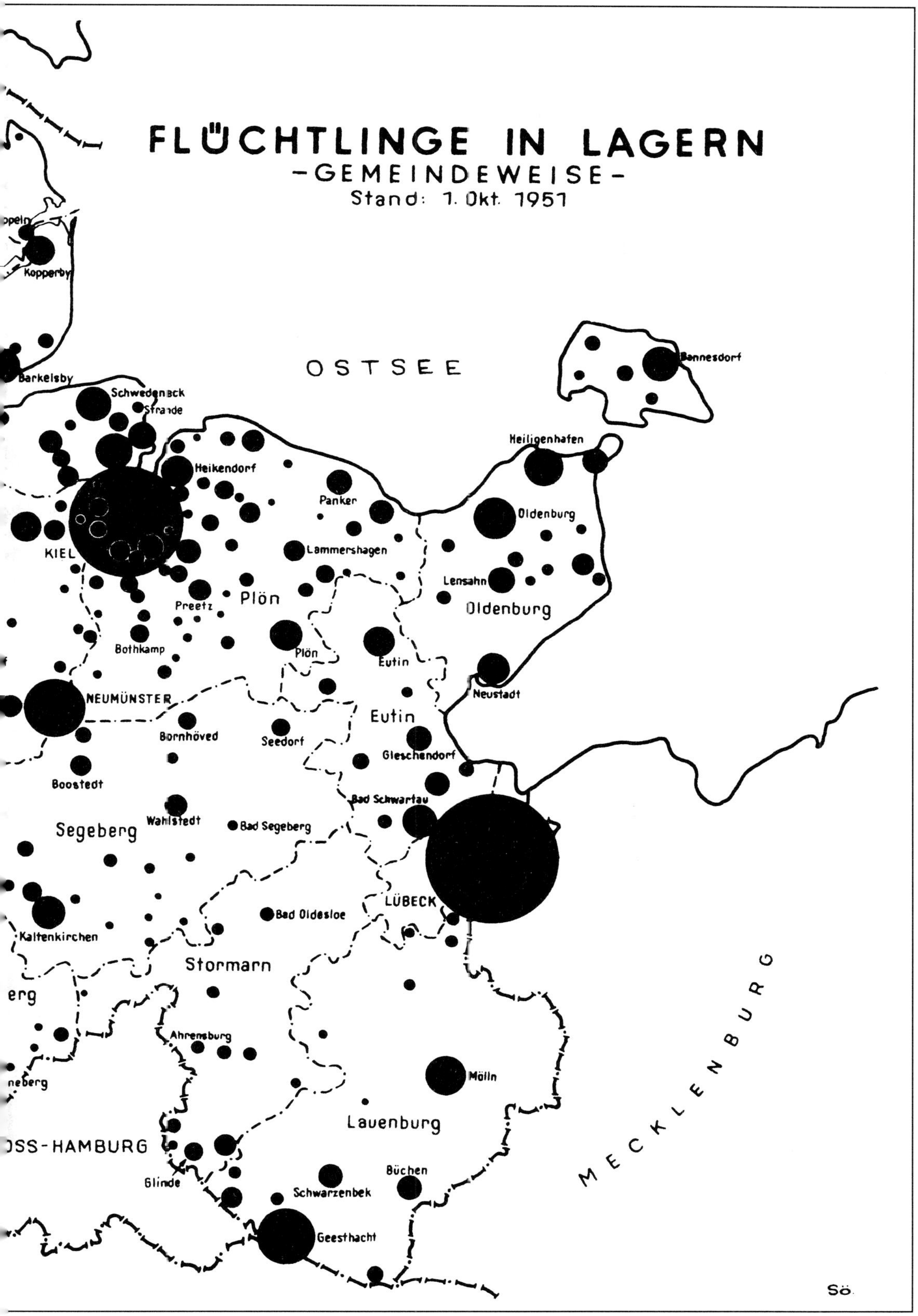

Die Verteilung der Flüchtlingslager im Land Schleswig-Holstein zeigt diese Graphik, die den „Statistischen Monatsheften Schleswig-Holstein“ vom März 1952 entnommen wurde.

Inhalt

Erinnerungen an die alte Heimat

Ostpreußisches Hausbuch

Ost- und Westpreußen, Danzig, das Memelland und die Provinz Posen
Hrsg. von Diethard H. Klein
2. Auflage, 492 Seiten, zahlreiche Abbildungen, gebunden

Dieses Hausbuch ist ein Heimatbuch in einem sehr umfassenden Sinn. Es gleicht nicht vielen anderen, die nur eine bestimmte Epoche, einen Zeitabschnitt der Vergangenheit zum Thema haben, es greift vielmehr weiter aus, indem Autoren vom 14. Jahrhundert bis heute zu Wort kommen. So lädt dieser Band seine Leser denn zu einer Reise ein – einer Reise im zweifachen Sinne: Zum einen ist es ein Weg durch die Zeiten, wichtige und nicht so wichtige Ereignisse werfen ein Licht auf Leben und Atmosphäre der verschiedenen Epochen. Zum anderen wird der Leser gleichsam auf eine Reise durch Ostpreußen, kreuz und quer über die Landkarte, gelockt.

Pommersches Hausbuch

Pommern und die Neumark
Hrsg. von Diethard H. Klein
2. Auflage, 480 Seiten, zahlreiche Abbildungen, gebunden

In einer imaginären Reise führt dieses Haus- und Heimatbuch durch Pommern und die „ursprünglichen Kreise“ der Neumark nördlich der Warthe.

Schlesisches Hausbuch

Nieder- und Oberschlesien
Hrsg. von Diethard H. Klein und Heike Rosbach
2. Auflage, 487 Seiten, gebunden

Dieses Haus- und Heimatbuch will weder eine Zustandsbeschreibung für einen bestimmten Zeitraum sein noch eine Aneinanderreihung von Ortsdarstellungen, weder ein historischer Überblick noch eine Zusammenstellung von Texten schlesischer Autoren, sondern Elemente all dieser Buchgattungen zu einem vielfältigen Bild Schlesiens vereinigen. Daher sind natürlich auch die schlesischen Landschaften und Städte geschildert, und die bewegte Geschichte dieses immer wieder umstrittenen Landes kommt zur Geltung in Skizzen über große Ereignisse, in Zusammenfassungen längerfristiger Entwicklungen und einer umfassenden chronologischen Übersicht sowie Daten zu Einzelgebieten im Anhang.